현실문화연구의 책들

문화교양 1
문화연구 어떻게 할 것인가
현실문화연구 편   신국판 260면 8500원

문화교양 2
문화연구와 문화이론
존 스토리 저   박 모 역   신국판 260면 9500원

문화교양 3
섹슈얼리티 : 성의 정치
제프리 윅스 저   서동진 채규형 역   신국판 260면 6800원

문화교양 4
여성망명정부에 대한 공상
글로리아 스타이넘 저   곽동훈 역   신국판 270면 7500원

문화교양 5
현대성과 현대문화 [1][2]
스튜어트 홀 외 저   전효관 김수진 박병영 역   신국판 280면 각권 8500원

문화교양 6
문화연구를 위한 현대사상가 50
존 레흐트 저   곽동훈 김사무 역   신국판 504면 12000원

문화교양 7
스펙타클의 사회
기 드보르 저   이경숙 역   신국판 200면 6800원

문화교양 시리즈

현실문화연구

섹슈얼리티: 성의 정치

목차

6
▲
서문

12
▲▲
1장 성의 언어

24
▲▲▲
2장 성의 고안

간략히 살펴본 성의 역사
성의 '사회적 구성'
성의 중요성
성과 권력

60
▲▲▲▲
3장 성차의 의미

생물학적 명령
성과 사회관계
성과 무의식
성차의 결과들

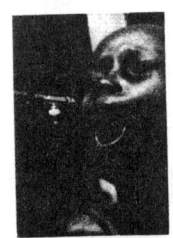

96
4장 다양성의 도전

도착이라는 언어
범주의 해체

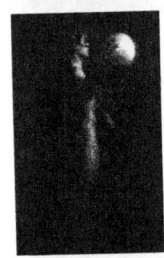

128
5장 성과 정치

섹스: 새로운 전선?
성위기의 요소들
성의 규제
성의 정치

162
6장 사적 쾌락과 공적 정책

178
더 읽어두면 좋을 글들 / 찾아보기

편자 서문

이 책에서 제프리 웍스가 지적하듯, 우리는 마치 이미 입력된 어떤 자연적 특성처럼 성에 관해 사고한다. 물론 성관계가 사회적 관계의 한 형태라는 점은 상식적 이야기일 터이지만, 그럼에도 우리는 사회관계를 '자연적'인 것으로 사고하는 데 너무나 친숙해 있다. 자연주의를 '해체하는' 것 그리고 사회적 상호작용을 통해 행위들이 어떻게 그 의미와 의의를 부여받게 되는지 판별하는 것은 사회학과 다른 사회과학의 과제이다. 왜 원칙적으로 성이 체스게임이나 요리처럼 사회적으로 조건지어진 현상으로 취급되지 못할까? 마치 심저에 그 어떤 본질적 성관계의 형태가 존재하고 그 표출형태는 초도덕적 영역에 속한다는 듯이 전후 자유주의 철학은 '자연적'이고 비억압적인 성을 모색하는 데 골몰했다. 하지만 그 시대는 동성애와 복장도착, 소년애 그리고 성별적 정체성을 결정하기 위한 격렬하고도 비판적인 논의가 재등장했던 때이기도 했다. 철학자이자 역사학자인 푸코가 지적했듯, 성은 단지 역사적 구성물일 뿐이다. 그것의 의미와 표현은 사회적, 역사적 현상형태보다 더 넓지도 크지도 않으며, 성의 형태와 그 변화는 그것이 자리잡고 있는 맥락을 떠나 설명될 수 없다.

제프리 웍스는 우리가 새로운 성의 사회학이라 지칭하는 분야에서 광범한 저술활동을 전개하고, 학계의 '주변적' 관심사였던 것을 어엿한 학문적 주제로 탈바꿈시킨 드문 연구자이다. 성에 대한 새로운 관점이 등장해 문화적 표상으로서의 성을 해체하고자 시도하는 바로 그때에, 성이 점차 대중문화의 곳곳을 장악해가고 있다는 것(예컨대 서구사회의 여러 성적 매체과 광고에 범람하고 있는 성적 이미지들)은, 좀 역설적으로 보인다. 하지만 이러한 성에 대한 우리의 집착은 성이데올로기를 해석하고 규명하고자 하는 욕구도 늘어났음을 의미한다.

현재의 성에 대한 관심을 특징짓는 점은, 그 관심이 가족, 친족 그리고 가정조직의 문제들에 대한 관심과 연결되어 있다는 점이다. 학문적 연구의 대상으로 '가족사'에 대한 연구가 급팽창한 것은 가족생활에 대한 사회정책적 이니셔티브와 사회적 개입이 증대하고, 생-정치 bio-politics적 영역에 대한 국가적 통제와 규제가 대두한 것과 경험적으로 대응관계를 이룬다. 심리적, 사회적 치료기관 모두 환자들의 삶 중에서 성적 차원에 대한 관심을 늘리고 있다. 하지만 이것을 전적으로 새로운 형태의 사회통제로 볼 수는 없다. 왜냐면 근대 국가가 그렇듯, 산업시대 서구사회 역시 적어도 교회와 마을공동체에 의해 그 나름으로 성행동에 대한 조직과 규제가 이뤄졌기 때문이다. 하지만 예전과 구별되고 질적으로 새로운 점은, 근대 서구사회의 경우 성을 합리화하는 데 큰 관심을 쏟았고, 그것을 과학적 연구에 종속시켰다는 점이다.

제프리 윅스의 성사회학적 논의는 성과 그 사회역사적 맥락 사이의 연관관계를 성의 사회적 구성이라는 문제틀 속에서 탐구한다. 당연히 이는 절대 만만치 않은 성도덕적 문제를 제기한다. 만일 성이 근본적으로 무한히 다양한 사회적 관습이라면 그 어느 것도 '옳거나', '그르지' 않다. 윅스가 강조하고 있는 것처럼, 성이라는 사안을 도덕의 영역으로 미뤄두어선 안된다. 우리는 도덕적 약호(우리는 이런 약호 하에서 살아가고, 또 적어도 그를 변조하거나 그에 적응하면서 삶을 헤쳐나간다)를 선택할줄 아는 합리적이고 지성적인 존재이다.

피터 해밀톤 Peter Hamilton

감사의 말

　내가 처음 성사회학과 성역사학에 관한 글을 쓰기 시작한 이래, 십년이란 세월이 흘렀다. 그 동안 나는 많은 이들에게 지적, 감정적인 빚을 져왔다. 그러나 이 자리에서 나에게 도움을 주었던 이들의 이름을 일일이 밝힐 여유가 마련되어 있지 않다. 그래서 나는 독자들에게 이전 책들에 나온 감사의 말과 이 책 말미에 붙어 있는 '더 읽어두면 좋을 글들'에 소개된 상세한 자료들을 참조하도록 권한다. 이 자리에서 내가 할 수 있는 일은 그저 다시 한번 그 모두에게 감사를 표하는 것 그리고 이 책에서 내가 이야기하는 모든 것(혹은 일부)에 대해 그들이 동의할 의무가 전혀 없다는 점이다.
　하지만 이 책을 쓰면서 얼마간 직접적으로 빚을 진 이들이 있다. 내게 이 책을 쓰도록 권유했던 피터 해밀톤, 나에게 격려를 아끼지 않았던 캐러독 킹 Caradoc King 그리고 내가 다시 숙고하면서 수정하고 퇴고할 수 있도록 꼼꼼히 타이프로 옮겨준 바바라 기든스 Barbara Giddens, 어느 곳 하나 나무랄 데 없게 최종 초고를 타이프해준 자네트 후세인 Janet Hussein 에게 고마움을 표해야 할 것이다. 항상 그랬듯이, 이 글을 쓰는 동안 내가 끈기를 잃지 않도록 도와준 채턴 바트 Chatan Bhatt, 미키 버비지 Micky Burbidge 그리고 앵거스 수티 Angus Suttie에게 감사한다. 그러나 무엇보다 가장 큰 빚은 나의 제자들에게 있을 터인데, 이들의 질문과 의혹, 열망과 자극으로 인해 나는 이 책에서 다루는 많은 문제들을 재고할 수 있었다. 그래서 나는 이 책을 나의 -과거와 현재 그리고 (정부정책이 허용하는 한에서) 미래의-제자들에게 바치고자 한다. 마지막으로 나는 내가 그들로부터 얻었던 것만큼이나 그들이 이 책으로부터 많은 것을 얻을 수 있기를 소망한다.

제프리 윅스 Jeffrey Weeks

역자 서문

아쉬운 대로 성정치와 성담론에 관한 입문서 한 권을 번역, 출간하게 되었다. 우리는 이 책의 자매서인 「섹스, 포르노, 에로티즘: 쾌락의 악몽을 넘어서」와 짝을 이룰 만한 참조 서적을 고르다가 윅스의 글을 기꺼이 선택하게 되었다. 앞의 책이 우리의 성현실에 대한 실제분석이라면 이 책은 본격적인 이론입문서라고 할 수 있을 것이다. 아무래도 실제분석에서 각 필자들이 음으로 양으로 빚지고 있던 서구의 성정치적 논의를 소개할 필요가 있었고, 그 점에서 윅스의 글이 여러가지 미덕을 두루 겸비하고 있다고 판단했다. 따라서 이 책의 주장이 우리 현실에 어떻게 대입될 수 있을지 궁금한 이들은 이 책의 자매서인 「섹스, 포르노, 에로티즘: 쾌락의 악몽을 넘어서」를 함께 보면 좋을 것이다.

이 책은 그 부피와 두께에 비해 대단한 양의 정보를 담고 있다. 이를테면 이 책은 생물학에서 여성해방론에 이르기까지, 여러 학문분야를 넘나들고 있다. 이는 근대적 성담론이 구성되는 과정이 바로 그러한 여러가지 과학(특히 성과학)의 협력과 결착의 과정이었기 때문이다. 이 책이 지닌 또 한 가지 장점은 필자의 입장이 상당히 선명하게 개진된다는 점이다. 이 책의 저자 스스로가 언급하듯, 성정치(학)가 더 이상 급진 좌파의 전유물로 머물러 있지 않게 된 오래이고, 성정치의 스펙트럼도 넓어졌다. 그런데 그 다종다양한 입장 가운데서도 윅스의 입장은 상당히 왼편에 서 있다. 스스로 명시적으로 밝히는 않지만, 이 필자에게서는 포스트마르크스주의적 입장에 의해 전환된 영국 마르크스주의 정치의 한 경향이 짙게 배어 있다. 그러나 우리는 이 점이 저자의 약점이라기보다는 강점이라고 평가한다. 도리어 선명한 입장정리때문에, 이 글은 최신의 성정치적 논의와 급진담론의 폭을 두루 껴안을 수 있었을 것이다.

 물론 이 글의 역자들이 원저자의 의견에 고루 동의하는 것은 아니다. 특히 우리가 혐의를 두고 있는 몇 가지 의견, '사회구성론적 인식론', '급진다원주의' 등에 대해서 우리는 조심스레 유보한다. 어쨌거나 우리는, 이 책이 급진성정치에 관한 논의는 물론 그에 다가설 변변한 입문서 하나 없는 실정에 자그마한 기여가 되길 바랄 뿐이다.

 이 책은 먼저 1-3장을 채규형이, 4-6장을 서동진이 각각 초역한 뒤, 서동진이 교열하고 편집하였다. 결코 자랑이 못 될 세 달 남짓의 기간동안 이루어진 번역인 탓에 군데군데 오역이 있을 터이고, 매끄럽지 못한 대목도 있을 터이다. 이 점 독자들의 아량을 바란다.

 참고로 이 책의 필자인 제프리 윅스의 약력을 간단히 소개하면, 그는 세계 유수의 진보적 역사학저널인 「히스토리 워크숍 저널 History Workshop Journal」의 편집인으로, 현재 사우스햄프톤대학 University of Southhampton의 객원연구원으로 일하고 있고, 사회사 분야 특히 교육행정 분야의 사회사를 전공하고 있다. 이 글 뒤에 소개되지 않은 윅스의 최근 글 가운데, 주목할 만한 것으로는 다음 글들이 있다. 「정체성의 문제들 Questions of Identity」, *The Cultural Construction of Sexuality*, Pat Caplan(ed.), London and New York, 1991(1987), 「육체와 성 The Body and Sexuality」, *Social and Cultural Forms of Modernity*, Robert Bocock and Kenneth Thompson(ed.), London and New York, Polity Press, 1992.

1994. 11. 서동진, 채규형

기독교가 승리하기 이전부터 이미 서구에서는 성이 덕이나 진리와 특별히 연관돼 있다고 여겼다.
사람들이 성을 통하여 자신을 깨닫고,
세계 속에서의 자신의 위치를 발견할 것이라고 예상되었다.
이러한 견해는 고대 말기의 논쟁에서 회의되기 시작하여,
육체에 관한 초기 기독교 문헌에서 규범화되었으며,
신 앞에서의 카톨릭적 고백과 기독교적 간증의 절차에 의해 인격화되었다.

1장. 성의 언어들

성은 병존적인 either/or 현상이다. 그것은 매력적인 것이면서 동시에 끔찍한 것이다. 그 둘 사이에는 아무 것도 없다.
머레이 데이비스 Murray S. Davis [1]

성에 대해 전문가가 될수록 우리가 그것을 이해하는 어려움은 더욱 커진다. 숱한 세월 동안 성을 '탈신비화' 시키려는 지속된 시도가 있었고, 수십년간 '자유주의'와 '성 방임주의'를 둘러싼 엄청난 공방이 있었음에도, 성애적인 것 the erotic은 여전히 격렬한 도덕적 분노와 혼란을 초래한다. 어느 재치있는 논평자가 지적했듯, 이는 성이 그 본성상 '천하기' 때문이 아니라 '강렬한 감정들의 요체이기 때문' 이다.[2] 확실히 성이 환기시키는 강렬한 감정은, 성을 광대무변한 욕구와 욕망의 전동벨트로 만들어버리는 감각적 진동을 성의 세계에 부여한다. 예컨대 사랑과 분노, 친밀감과 반감, 친숙함과 어색함, 쾌락과 고통, 낭만과 강탈 predatoriness, 감정이입과 힘. 우리는 너무나 주관적으로 성을 체험한다.

누군가에겐 따스함과 매력의 원천이 되었던 것이 동시에 다른 이에게는 공포와 증오의 원천이 되기도 하는 성의 유동성 그리고 다양한 가면과 위장을 취할 수 있는 카멜레온같은 능력, 바로 이때문에 성은 문화적 영향은 물론 사회적, 정치적 분할에 특별히 민감한 전도체로 되어버린다. 따라서 지난 세기에 성은 전통적 도덕주의자들(종교적 색조나 교파를 막론하고) 과 자유주의자들 간에, 성의 억압을 주장하는 고위 성직자들과 성해방 지지자들 간에, 남성 특권의 옹호자들과 그를 반대하는 여성해방운동가들 간에, 도덕적 규범을 옹호하는 세력과 일군의 급진적인 성 반대파들 sexual opposition 사이에, 또 성에 대한 정통적 입장을 고수하는 이들과 그 반대자들 사이에 격렬한 윤리적 정치적 쟁점이 되어왔다.

예전에는 앞과 같은 논의들은, 그것들이 설사 아무리 중요하다 해도 정치현실의 중심적 흐름에서 밀려나 주변적인 것으로 치부되었다. 하지만 지난 수십년간 성문제는 정치적 관심의 맨 복판에 자리잡게 되었다. 최근 북미와 유럽 지역에서, '신우익'은 이른바 '사회적 사안들 social issues'을 강조하며 상당한 정치적 영향력을 발휘하고 있다. 그들이 강조하는 사회적 사안들이란 가족 생활의 신성함에 대한 다짐, 동성애와 '성적 도착자'에 대한 적개심, 성교육의 반대, 양성간의 전통적 경계구분의 재확인 따위로, 이 모두는 보수 정치집단이 자신들의 정치적 지지자들을 충원하는 데 강력한 효력을 발했다. 한편 역으로 이는 기존의 성행동, 정체성, 친족관계의 규범을 공략했던 여성해방운동과 급진 성정치에 역습을 가하는 일이기도 했다. '진보적 입장' 쪽에서는 이러한 신우익의 도전에 어떻게 반응할 지 속수무책이었다. 하지만 그들은 적어도 논쟁의 저변이 돌이킬 수 없이 뒤바뀌었다는 점에 대해서 만큼은 공감을 했다. 사태의 진상은 너무나 분명하다. 그렇지만 그렇게 뻔한 '성'의 미로에서 과연 우리가 어떻게 벗어날 수 있을지, 그 방도는 불투명하기만 하다.

기독교가 승리하기 이전부터 이미 서구에서는 성이 덕이나 진리와 특별히 연관되어 있다고 여겼다. 사람들이 성을 통하여 자신을 깨닫고, 세계 속에서의 자신의 위치를 발견할 것이라 예상되었다. 이러한 견해는 고대 말기의 논쟁에서 회의되기 시작하여, 육체에 관한 초기 기독교 문헌에서 규범화되었으며, 신 앞에서의 카톨릭적 고백과 기독교적 간증의 절차에 의해 인격화되었다. 그러나 지난 세기에 이르러 의학, 심리학, 성과학, 교육학 등의 변신론에 도달한 성담론, 이제 이 담론은 교회와 더불어 도덕적, 사회적 규준을 확립하는 데 단단히 한 몫하고 있다. 19세기 말경 많은 이들이 밝혔듯, 의사들은 성직자적 특성의 일정 부분을 받아들였고, 이 가운데 많은 부분은 일찍이 성직자들에게 그랬던 만큼 의사들의 의견을 자명한 것으로 보증해주고 있다. 그러나 지난 세기 성이 점차 정치화됨으로써 새로운 가능성과 도전(도덕적 통제나 그것의 어쩔 수 없는 공격대상인 도착에 대해서뿐 아니라 정치적 분석과 정치적 대립, 변동에 대해서도)이 생겨나게 되었다. 이때문에 성에 대해 언급할 때 그 대상이 무엇인지, 그리고 그 복잡한 현상들의 의미(보다 정확하게는 의미들)가 무엇인지 분명히 해두어야 한다. 따라서 우리는 성이 어떤 것이어야 하는가 혹은 어떤 것일 수 있는가를 합리적으로 결정하기 전에, 그 성이 어떤 것이었고 또 지금은 어떤 것인지를 알 필요가 있다.

무엇을 알아야 한다고 너스레떨기는 쉽다. 하지만 아다시피 정작 이를 알아내기란 너무나 어렵다. 그 동안 우리는 참된 성이 무엇인지 파악하는 데 수없이 애를 태워왔다. 하지만 구시대인들의 한없이 흐릿한 욕망은 물론이려니와 동시대인들의 성적 욕구나 행동조차 제대로 이해하지 못하고 있다. 시간이라는 안개 그리고 다양한 편견의 위장물로 인해, 성생활을 영위하는 각기 다른 방식들은 곧잘 모호해져버린다. 이 완고한 앎의 기피 의지 will-not-to-know는 우리 문화 속에 깊히 체현된 하나의 가정에 의해 지지되고 있다. 그 가정이란 우리의 성이 너무나 자연스러운 실체라는 것이다. 성은 우리의 모든 정념과 몰입감의 바탕이다. 우리는 성을 통해 자신을 실재하는 인간으로 체험한다. 성은 남성과 여성, 이성애자와 동성애자, '정상'과 '비정상', '자연적'과 '비자연적' 같은 정체성과 자아의식을 부여한다. 프랑스의 철학자 미셸 푸코 Michel Foucault가 했던 유명한 말처럼, 성은 '우리 존재의 진리' [3]가 되었다. 그런데 이 '진리'란 무엇일까? 어떤 근거에서 우리는 하나의 사실을 '자연적' 또는 '비자연적'이라고 부를 수 있을까? 성의 법칙을 단정할 권리를 가진 자는 누구일까? 성은 '자생적'이고 '자연적'일 수도 있다. 그러나 이에 대해 어떻게 답변할 지를 가르치는 말들은 한도 끝도 없다.

그럼 '성'이라는 용어와 그것의 일상적 용례에서 출발해보자. 성이라는 말이 함축하고 있는 모호함은 처음부터 이 작업이 어려울 것임을 예상케 한다. 우리는 아주 어릴 때부터 여러가지 자료를 통해 '자연적' 섹스란 '반대 성 opposite sex'을 가진 사람과 행하는 것이라는 사실을 배운다. 따라서 이 정의에 따를 경우 '동성 same sex' 과의 '섹스'는 '비자연적'이다. 너무나 당연한 말이다. 하지만 앞의 몇 문장에 나오는 섹스라는 말의 다의성으로 인해 우리는 문제의 실제적인 복잡함으로 되돌아가게 된다. 섹스라는 용어는 행위와 인격적 범주 즉 실행 a practice과 성별 양자에 모두 연관되어 있다. 현대 문명은 한 인간이 생물학적 존재로서 남자 또는 여자라는 사실(즉 적합한 성적 기관과 출산 잠재력을 가지는)과 그들이 행하는 올바른 성애적 행동의 형태(일반적으로 남자와 여자 간의 성기삽입) 사이에 밀접한 연관이 있다고 가정해왔다. '섹스' 라는 용어는 16세기에 처음 사용되었는데, 이때 이 용어는 남성집단과 여성집단 간의 엄정한 분할(즉 성별적 차이)과 관련해 사용되었다. 그러나 19세기초 이래 '섹스' 라는 말이 담고 있는 지배적 의미는 양성간의 육체적 관계 즉 '성관계를 맺는 것' 과 연관된다. 이러한 단어적 의미의 확장은, '성 sexuality' ('성적인 sexual' 것의 특질을 지칭하는 추상명사)이 우리 문화에서 이해되는 방식에 어떤 변화가 나타났음을 시사한다.*4

   변화의 사회적 과정은 복잡하다. 하지만 우리 역시 그러한 사회적 변화 과정과 더불어 살아가고 있기에 그러한 변화가 담고 있는 함의는 분명해진다. 첫째로 '양성' 간의 명백한 구분, 이해관계의 갈등, 심지어는 거의 타협의 여지가 없는 적대성('성들의 전투')이 존재한다는 가정이 버티고 있다. 남자는 남자이고 여자는 여자일 뿐이다. 그리고 이 둘은 전혀 일치할 수 없다. 두번째로 '성'은 무소불위의 본능적 힘이며, 생식기(특히 변덕스런 남성 성기관들)내에 신비스럽게 자리잡은 '생물학적 명령' 이라는 신념이 존재한다. 그래서 성은 산사태가 마을을 휩쓸 듯, 앞에 놓인 모든 것을 날려버리고(적어도 당신이 남자라면), 계곡을 잇는 무지개처럼 이 양분체를 연결한다. 세번째로 '성'은 피라미드적인 성모델을 만들어낸다. 그 모델 안에서, 이성애적 외음부 성교라는 자연유증된 올바름의 모델로부터 땅 속에 깊이 묻혀 있어야 하지만 불행하게도 어딘가 미심쩍은 곳에서 분출하고야 마는 저 기행적인 '도착성'의 외현에 이르기까지, 수직적인 성의 위계가 만들어진다.

위와 같은 성에 대한 태도는 우리가 늘상 숨쉬는 대기처럼 너무나 자연스레 우리 삶에 붙박혀 있다. 이런 생각들은, 사랑, 친교, 안전처럼 좀더 단순한 덕목들은 물론이려니와 주체할 수 없는 남성의 욕정, 심지어 강간이나 여성의 성적 자율성에 대한 비하 그리고 우리와 다른 성적 소수집단에 대한 대우방식 따위를 이데올로기적으로 정당화시켜 준다. 게다가 19세기 말 이래, '욕망의 과학' 즉 성과학으로 알려진 광범한 전통이 형성됨으로써, 표면상 이에 대해 과학적 승인이 이뤄지기도 했다. 크래프트 에빙 Krafft-Ebing, 하브록 앨리스 Havelock Ellis, 아우구스트 포렐 August Forel, 마그누스 히르쉬펠트 Magnus Hirschfeld, 지그문트 프로이트 Sigmund Freud를 위시한 여러 성과학자들은, 성의 다양한 외피를 벗겨냄으로써 성의 진정한 의미를 발견하고자 했다. 이들은 각기 나름의 연구 속에서 유아 성체험, 양성간의 관계, 배아질 germplasm의 영향, 호르몬과 염색체, '성본능'의 성격 그리고 성도착의 원인 등을 성과학의 대상으로 삼았다. 하지만 이들의 주장이 늘 일치했던 것은 아니며, 때로는 모순된 주장이 나타나기도 했다. 그 결과 성과학적 작업에 가장 헌신적이었던 이들마저도 종국에는 얼마간 실패를 자인해야만 했다. 프로이트는 '어떤 과정의 성적 성격을 수긍시킬 수 있을 일반적 기준'*5에 대해 동의를 이뤄내기가 얼마나 어려운 일인지 실토했다. 오늘날 우리는 무엇이 '성적인 것'인지 여부를 판별하는 데 있어 그때보다는 좀더 확실한 처지에 있을지도 모른다. 하지만 우리 역시 성적인 것의 함의를 해석하는 데, 선구적 성과학자들 못지않게 안개 속을 헤매고 있다.

성과학은 성행동에 대한 지식의 폭을 확장하는 데 많은 긍정적 영향을 끼쳤고, 나 역시 성과학의 실제 업적을 폄하할 의도가 전혀 없다. 성과학이 없었다면 아마 우리는 지금보다 훨씬 더 성에 대한 신화나 미신에 사로잡혀 있을 것이다. 그러나 성과학은 '참된' 성의 의미를 추구했다는 점에서, 또 성차에 배타적인 관심을 기울이고 성적 도착을 범주화하는 데 매몰되어 있었다는 점에서 '성전통'(성전통은 어느 정도 일관된 여러가지 가설, 신념, 편견, 규칙들로 이뤄진 체계이면서 동시에 탐구방법이고 또 도덕적 규제의 형태이기도 하다. 이런 여러가지에 의해 우리는 자신의 성적 향유방식을 만들어낸다)이 규범화되는 데 기여하기도 했다. 과연 성이란 위협적이고 위험스러운 것일까? 만약 그렇게 믿고 싶다면, 기독교 전통은 물론 성과학의 아버지 크래프트 에빙과 그의 학문적 후예들의 저작에서 그 정당성을 찾아낼 수 있으리라. 한편 이렇게 질문할 수도 있다. 성은 자유의 잠재적 원천이며, 그 해방적 힘이 부패한 문명의 억압적 힘에 의해 봉쇄된 것이 아닐까(1968년 파리 학생봉기는 "포도 鋪道 밑에는 해변이 있다! beneath the cobblestones the beach"는 슬로건을 전면에 내걸었다)? 이런 입장은 19세기부터 현재에 이르는, 여러 논객들과 '학자들'의 저작 속에서 발견된다. 그 속에는 찰스 푸리에 Charles Fourier나 에드워드 카펜터 Edward Capenter같은 사회주의적 선구자들이나 빌헬름 라이히 Wilhelm Reich나 허버트 마르쿠제 Herbert Marcuse같은 프로이트마르크스주의자들뿐 아니라 겉보기에 온건하기 그지없는 알프레드 킨제이 Alfred Kinsey같은 '사회의 장부계원'조차 망라된다. 우리는 그 도덕적, 정치적 가치를 일단 논외로 치더라도, 성의 빗장을 열 열쇠가 '자연'의 후미진 곳 어딘가에 숨어 있다는 자연주의적 오류로부터 헤어나기 어렵다. 머레이 데이비스 Murray Davis가 지적했듯, 성이론가들은 지적인 생활의 문지기가 되고, 감독관과 위생검열관의 직무를 수행하며, 너저분한 것들을 말끔히 서랍 속에 정리하는 청소부가 되었다.*6 하지만 불행하게도 이 '너저분한 것들'이 바람과 함께 되돌아와서 끊임없이 우리의 시야를 혼란시킨다.

나는 이 글에서 위의 전통들이 내건 공리들에 맞서, 성을 이해하는 대안적인 방식을 제공하고자 한다. 이는 성이란 근본적으로 '자연적'인 현상이 아니라 사회적, 역사적 힘의 산물이라고 보는 것이다. '성'은 한번도 우리가 이해하는 것처럼 존재한 적이 없으며 장래에도 그렇게 존재할 가능성이 없는 '허구적 실체'에 불과하다. 성은 인간 정신의 발명품일 뿐이다. 캐롤 밴스 Carole S Vance가 주장했듯, '인간에게서 가장 중요한 기관은 두 귀 사이에 놓여 있다'.*7

그렇다고 우리를 감싸고 있는 성이라는 엄청난 구조물을 간단히 무시할 수 있다는 것은 아니다. "성은 현대 사회에서 그에 붙여줄 어떤 의의도 없다... 성 따위의 실재 thing는 있지도 않다. 따라서 성은 존재하지 않는다"라고 주장하는 것은 더더욱 아니다.*8 그런 식의 주장은 값있는 여러가지 통찰을 쓸모없는 어리석음으로 치부해버리는 짓일 뿐이다. 물론 성은 우리의 사적, 공적인 삶을 구성하는 명백한 사회적 모습으로 존재한다. 하지만 나는 우리가 '성'이라 정의하는 것이 하나의 역사적 구성물이며, 수다한 생물학적, 정신적 가능성-성별적 정체성, 신체적 차이, 출산능력, 욕구, 욕망과 환상들(이러한 것들은 서로 연결되지 않을 수도 있고, 또다른 문화권에서는 별반 연결된 적도 없었다)-이 뒤엉켜 만들어진 것이라 주장한다. 성을 구성하는 모든 요소들은 신체적으로나 정신적으로 모두 나름의 원천을 가지고 있기에, 나는 생물학적 또는 정신적 과정에 따른 한계를 부정하지 않는다. 하지만 육체적인 것과 심리적인 것의 능력은 오직 사회적 관계 속에서만 그 의미가 부여된다. 다음 장인 '성의 고안'에서 나는 바로 이러한 주장을 정당화할 것이며, 3장과 4장에서는 성별과 성적 정체성 그리고 성적 다양성이라는 사실을 고려할 때, 이러한 접근이 어떤 함의를 지니는지 살펴볼 것이다.

앞서 언급한 장들은 결국 통상 성에 대한 '본질주의적' 접근이라 지칭되는 것을 비판하는 것이다. 본질주의적 접근이란 복잡한 전체의 여러 속성들을 가상의 내적 진리나 본질에 준거하여 설명하고자 하는 방법 혹은 "모든 성적인 문제들내에 자연적으로 주어진 단일하고, 기본적이며, 통일적인 그 어떤 유형이 존재함이 분명하다"고 가정하는 것이다.*9 근대 비판적 과학의 언어로 말하자면, 이는 세계의 복잡성을 그 구성단위들의 가상적 단순성으로 환원하려 한다는 점에서 환원주의적이며, 유전자든 본능이든, 호르몬이든 아니면 역동적 무의식의 신비한 작용이든, 개인들을 어떤 내적 추진력의 자동적 산물로 설명하려 든다는 점에서 결정론적이다.

이러한 접근방법에 맞서 나는 우리가 '성'에 부여하는 의미는 사회적으로 조직되며, 성이란 무엇인가, 성이란 무엇이어야만 하는가, 그리고 성이란 무엇일 수 있는가를 말해주는 다양한 언어들에 의해 그 의미들이 유지된다고 주장할 것이다. 도덕적 문헌, 법률, 교육적 실천, 심리이론, 의학적 정의, 사회적 제의, 음란소설이나 연애소설, 대중음악 및 통속적인 가정들 (대부분 아귀가 맞지 않는) 속에 체현되어 나타나는 성의 언어들은 자기 나름으로 가능성의 지평을 가지고 있다. 그리고 이 모든 성의 언어들은 그 어떤 욕구와 욕망들의 진정한 재현물인 양 자리잡고 있다. 하지만 그것들이 뱉아내는 모순적인 이야기들과 그것들이 만들어내는 잡음들 속에는 풀 수 없는 어려움들이 놓여 있다. 성의 언어들을 이해하기 위해, 그리고 그 현재적 가능성의 한계를 넘어서기 위해 우리는 성의 언어를 번역하는 법을, 그리고 그를 대신할 새로운 언어를 개발하는 법을 배울 필요가 있다. 그리고 이는 근 몇년 동안 성의 세계가 지닌 자명한 통일성을 '해체하고자' 시도했던 몇몇 이론가들의 작업 중의 하나였다. 이들 모두 '성'의 비본질주의적 이해를 위한 요소들을 마련해 주었다.

사회인류학, 사회학 그리고 킨제이 이후의 성 조사 연구 등을 통해 다른 문화권처럼 우리 문화 속에도 다양한 범위의 성이 존재한다는 점이 이해되었다. 루스 베네딕트 Ruth Benedict가 지적했던 것처럼, 다른 문화들은 '인간 제도의 다양함을 연구함에 있어' 실험실로 작용한다.*10 우리의 행동 방식만이 유일한 삶의 방식이 아니라는 것을 깨달음으로써 우리는 자신들의 인종중심적 사고에 경종을 울릴 수 있었다. 또한 그러한 깨달음은 왜 현재와 같은 상황이 존재하게 되었는지 반문하게 한다. 타 문화 그리고 하위 문화들은 우리네 삶의 우연성(일시성)을 비춰주는 거울이다. 인류학자 말리노프스키 Malinowski나 미드 Mead, 생물학자 킨제이, 사회학자 가농 Gagnon, 사이몬 Simon, 플루머 Plummer같은 이들의 이름이 이 글에서 자주 오르내릴 것이다. 그 이유는 이들이 우리에게 단일성이 아닌 다양성을 하나의 규범으로 제안하기 때문이다.

프로이트의 유산 특히 그의 역동적 무의식론은 새로운 성이론을 구성하는 데 또 하나의 중요한 자원이다. 그가 창시한 정신분석학적 전통으로부터 우리는 명징한 의식적 생활과 가끔 모순되는 그 무엇이 무의식 속에 존재함을 알 수 있었다. 정신생활-무엇보다 여러가지 환상의 생활-은 인간이 상속받은 다양한 욕망을 드러낸다. 정신생활은 성별과 성적 욕구 그리고 정체성같은 정리 定理들을 뒤흔들어놓는다. 로잘린 카워드가 묘파했듯, "사적 정신생활내에서는 아무 것도 확실하거나 고정되어 있지 않다."*11

위에 든 지적인 발전과 더불어 인구사, (권력자들은 물론 짓밟히고 억압받는 민중의 체험과 신념들, 그 '심성 mentalities'의 역사를 강조하는) '새로운 사회사' 등은, '과거의 역사'는 물론 '현재성'이 의미하는 바에 대해서도 새롭게 질문했다. 미셀 푸코의 「성의 역사 The History of Sexuality」는 성에 관한 근대적 사유에 현저한 영향을 미쳤는데, 그 저작은 기왕의 역사학적 작업에 뿌리를 두고 있으면서 동시에 현재의 작업을 풍요롭게 발전시켜 주었다. 두 세대 전의 인물인 프로이트처럼 푸코 역시 성적 사유의 교차로에 서 있었다. 그도 그럴 것이 그가 제시한 답변만큼이나 그가 던진 질문들이 너무나 중대했기 때문이다.

마지막으로, 그리고 그 무엇보다 성 관련 신사회운동-근대 여성해방운동, 게이/레즈비언 운동 그리고 다른 급진 성운동-이 출현함으로 인해 다수의 '성전통'적 공리에 대한 의문이 제기되고, 성생활을 틀지우는 복잡한 권력과 지배형식에 대해 새로운 통찰이 이루어지게 되었다. 동성애정치는 성적 선호, 정체성, 선택에 관한 문제들을 의제화시켰다. 그리고 여성운동은 일상적인 남성 성폭력과 일부일처제에서의 성희롱과 성적 모욕, 학대의 언어에 이르기까지, 수다한 성적 예속의 형태를 인식하도록 하였다. 또한 여성운동은 동의와 출산의 권리, 욕망과 쾌락에 대한 문제들을 재설정함으로써 여성 자신의 육체에 대한 권리를 승인하도록 요구하였다. 하지만 대답이 주어진 만큼 문제도 늘어났다. 앞의 운동성과로 남성과 여성, 이성애자와 동성애자, 흑인과 백인 사이의 여러가지 차이가 부각되었다. 열띤 논쟁이 있었지만 어떤 행동이 적절한지를 가릴 합의안은 만들어지지 못했다. 하지만 훨씬 가치있는 성과도 있었다. 우리의 정서, 욕구, 욕망과 타인과의 관계들을 형성하는 여러가지 영향요인과 힘들-경제, 성별, 인종, 도덕 따위-에 대한 이해가 늘어나면서, 우리는 성에 대한 자신의 이해를 재고하지 않을 수 없게 되었다.

그렇다면 성에 관한 비본질주의적 이론은 성정치와 성윤리에 어떤 의의를 가질까? 나는 이 주제들을 5장과 6장에서 다루고자 한다. 위의 주제들은 너무나 어려운 문제들을 던진다. '성전통'은 당신의 성이 숙명 즉 당신의 소망하는 바 그리고 당신이 지금 존재하는 바 그대로라고 전제해 왔다. 성은 당신을 곤충채집함 속의 나비처럼 한 자리에 붙박아놓는다. 만일 당신이 이러한 전통과 단절하고자 한다면, 그리고 성이 그 나름의 가치와 목적을 구현한다는 생각을 거부한다면, 우리는 제휴와 선택이라는 복잡한 문제들에 직면하게 된다. 불확실성들에 직면했을 때 우리는 도덕적 혹은 정치적 절대주의로 후퇴하거나, 반대 증거들이 엄존함에도 불구하고 어떠한 희생을 무릅쓰며 찾아내야 할 진정한 성이 존재한다고 공언하기 십상이다. 이 글의 목표는 어떤 가치도 존재하지 않는다거나 '아무려면 어떠랴' 라는 식의 덫에 빠지지 않으면서도 그런 절대주의에 저항하는 것이다. '성' 은 매우 불확실한 개념이며 이를 헤쳐볼 어떤 지름길도 없다. 하지만 문제들을 정확히 한다면, 미로를 빠져나갈 길이 찾아질 수도 있을 것이다. 우리가 이 여로의 끝에서 올바른 행동이 무엇인지 밝혀줄 비방을 찾지는 못하겠지만, 다양한 성의 존재와 친밀해질 하나의 틀을 찾을 수는 있을 것이다. 그리하여 우리는 창조적 관계를 모색하고, 창조적 힘과 선택을 발휘할 새로운 기회를 성 속에서 재발견할 것이다.

주

1. Murray S. Davis, *Smut: Erotic Reality/Obscene Ideology*, University of Chicago Press, Chicago and London(1983), 87쪽.

2. Sue Cartledge, 'Duty and desire: creating a feminist morality', Sue Cartledge and Joanna Ryan(eds.), *Sex and Love. New Thoughts on Old Contradictions*, The Women's Press, London(1983), 170쪽.

3. Michel Foucault, *The History of Sexuality*, Vol. 1. An Introduction, Robert Hurley(trans.), Allen Lane, London(1979).

4. 이 용어들에 대한 설명은 다음을 참조하라. Raymond Williams, *Keywords: A Vocabulary of Culture and Society*, Flamingo,

London(1983), 283-6쪽.

5. Sigmind Freud, 'Introductory lectures on psychoanalysis', Lecture 21, James Strachey(ed.), *The Standard Edition of the Complete Psychological Works of Sigmund Freud*, Vol.16, Horgath Press and Institute of Psychoanalysis, London, 24 volumes(1953-1974), 323쪽.

6. Murray S. Davis, 위의 책, 272쪽.

7. *Diary of Conference on Sexuality*, Barnard Women's Center(1982); Carole S. Vance, 'Pleasure and danger: towards a politics of sexuality', Carole S. Vance(ed.), *Pleasure and Danger. Exploring Female Sexuality*, Routledge & Kega Paul, Boston and London(1984).

8. Stephen Heath, *The Sexual Fix*, Macmillan, London(1982), 3쪽.

9. Irving Singer, *The Goals of Human Sexuality*, Wildwood House, London(1973), 15쪽.

10. Ruth Benedict, *Patterns of Culture*, Routledge & Kegan Paul, London(1980, 초판 1935), 12쪽.

11. Rosalind Coward, *Female Desire: Women's Sexuality Today*, Paladin, London(1984), 204쪽.

근대 가족은 원시부족으로부터 진화한 것인가?
아니면 그것은 역사의 시원에서부터 자연스럽게 이미 거기에 있었던 것일까?
우리 조상들은 원시적 난교상태에서 살았을까?
또 일부일처제는 생물학적 필연성이자 사실일까?
'여성의 성이 세계적으로 역사적 패배'를 당하기 이전 한때나마 성적 평등의 에덴이 있었을까?
혹은 가부장적 지배는 문명의 여명기부터 출현하였던 걸까?

2장. 성의 고안

...성은 아마 나이, 계급, 인종, 육체적 능력, 성적 지향과 성적 선호, 종교 그리고 지역에 따라 각기 달리 영향을 미치고, 체험된다고 생각될 것이다.
캐롤 밴스 Carole S. Vance *1

간략히 살펴본 성의 역사

처음 성의 역사에 대해 글을 쓸 즈음, 나는 미국 사학자 번 벌로우 Vern Bullough가 했던 이야기 한 토막을 즐겨 인용했다. 그 말인즉슨 역사 속에서 줄곧 성은 '처녀지'였다는 것이다.*2 이 말이 생뚱맞은 말재간으로 보일진 몰라도 그 말은 종종 무시되던 현실의 단면을 유효적절히 지적한다. '성'에 관한 말과 글은 부지기수지만 정작 성에 관한 역사적 지식은 보잘 것 없다. 대담하게 그 영역에 뛰어들었던 정복자들 colonizers은, 초문화적 일반화('위험하고 강렬한 충동들과 이를 통제하기 위하여 인간이 만들어 놓은 터부와 금기 사이에 벌어진 장기항전의 역사')*3를 제시하거나 좀더 중립적이고 받아들이기 쉬운 표지(특히 '결혼'이나 '도덕' 따위) 밑에서 그 주제를 포괄하곤 했다. 성은 공식 역사기술에서 주변영역에 머물러 있었다. 물론 성과 관련해 지난 수십년간 이따금 극적인 변화가 있곤 했다. 성에 대한 역사적 저작들은 비록 적은 수지만 이곳 저곳에서 쏟아졌다. 결혼과 가족, 매춘과 동성애, 법적인 형식들과 의학적 규제, 친기독교도들과 비기독교도들의 도덕적 준칙 codes, 여성의 육체와 건강, 사생아와 산아제한, 강간과 성폭력, 성적 정체성들의 변천 그리고 사회적 연결망과 저항적 성의 의의 등의 여러가지 사안에 대해 우리는 제법 많은 지식을 갖고 있다. 역사가들은 가족의 재편과 인구사에 대해 세심한 방법을 적용하였고, 신종 문서들을 샅샅이 누비거나 고문서들을 재차 캐보았으며, 주관적이거나 금기시된 경험을 재구성하기 위해 구술사적 면담 자료를 더욱 알뜰히 활용했다. 굽힐 줄 모르는 풀뿌리 역사로부터 고무받고, 특히 근대 여성해방운동과 게이-레즈비언 정치의 여세에 힘을 얻으면서, 지금은 성에 관한 논문과 팜플렛, 서적들을 따로 모아놓은 서가가 마련될 정도로 사정이 변했다. 성의 역사는 여전히 썩 존중받는 연구영역은 아닐 것이다. 사회학자 켄 플루머 Ken Plummer가 말하듯 성연구는 여전히 당신을 '도덕적으로 의심스러운 사람'으로 만들어버린다.*4 그러나 요즘들어 성연구는 그런대로 학제적 인정을 받을 뿐 아니라, 관심있는 때로는 열정적인 청중들을 끌어모은다. 성연구는 종전과 달리 이제 더 이상 유별나고 주변적인 활동으로 치부되지 않는다. 심지어는 성연구가 혼란된 우리 현실을 밝혀줄 수 있으리라는 생각마저 생겨나는 실정이다.

하지만 말은 이래도, 우리는 여전히 하나의 딜레마-우리의 연구대상이 정확하게 무엇인가라는-에 빠져 있다. 내가 앞서 얘기했던 것처럼 우리가 통상 성적인 것이라고 지칭하는 행위들은 무수하게 열거될 수 있다. 하지만 그렇게 숱한 행위를 연결해주는 것은 무엇일까? 어떤 것은 성적인 것으로, 다른 것은 그렇지 않은 것으로 정의하는 그 신비한 요소는 무엇일까? 우리의 관심의 한복판에는 분명히 남녀간의 관계가 자리잡고 있다. 남녀간의 상호작용이라는 특수한 형태는 각 성의 생물학적 및 사회적 재생산 과정이다. 성을 연구하는 어떤 역사학자라도 감히 이러한 사실을 부정할 수 없다. 이 점에 대해 알프레드 킨제이 Alfred Kinsey는 다음과 같이 적시한다.

성의 유일한 자연적 기능이 생식 reproduction이라는 학설을 수용해온 생물학자들과 심리학자들은 비생식적인 성행위가 있다는 사실을 쉽게 무시해왔다. 그들은 이성애적 반응은 동물의 생득적이고 '본능적인' 기질 equipment의 일부분이며 다른 유형의 성적 행위는 '정상적인 본능들'의 '도착'을 표현한다고 가정해 왔다. 하지만 그러한 해석은 신화적인 것이다.*5

우리가 간단히 '이성애자'라 지칭하는 이들 사이에서조차 성애적 상호작용 대부분이 생식으로 연결되는 건 아니다. 여성들 사이에 또 남성들 사이에 비이성애적인 섹스가 존재하기도 한다. 이 유형들 가운데 일부는 이런 저런류의 삽입성교를 하고 다른 부류는 그렇지 않다. 그리고 그 대부분이 오르가즘에 이를 잠재성을 가지고 있다. 분명 성과 관련된 일부 행위들(이를테면 복장도착)에서처럼, 단지 우연히 '성적 방출'이 일어날 수도 있고 또 전혀 그렇지 않을 수도 있다. 친교 intimacy도 성적인 것을 판별하는 데 충분히 명백한 기준은 되지 못한다. 우리가 당연히 성적인 것으로 묘사하는 일부 행위들(예를 들면 자위)은 적어도 표면상으로는 타인과 아무런 관계가 없다. 친교의 몇 가지 측면은 섹스와 관련이 없다(그리고 상당수의 섹스에서 성교가 이뤄지지 않는다.) '이기적 유전자의 영원한 힘'에 근거해 사회생활의 모든 표현형태를 설명하려 드는 현대 사회생물학자들이라면, 이들 행위 전체에서 그 어떤 생물학적 논리를 발견할 지도 모른다. 내 생각에 세상 사람들은 현명하게도 이에 대해 좀 회의적인 듯 싶다. 우리는 사회생물학자 리차드 도킨스 Richard Dawkins가 묘사한 바처럼 '분자를 보존하기 위해 입력된 맹목적 로보트인 생존기계'*6가 아니다. 우리는 그 이상의 존재이다.

그렇다면 성의 역사는 대관절 무엇에 관한 역사인가? 실망스럽겠지만 내 대답은 성의 역사엔 그에 합당한 주제가 없다는 것이다. 아마 로버트 패드걱 Robert Padgug이라면 '끊임없는 유동'*7을 하는 어떤 주제를 서술하는 것이 성의 역사라 할 것이다. 성은 우리가 삶을 어떻게 살아야 하는가, 또 우리가 자신의 육체를 어떻게 즐기고 거절해야 하는지를 둘러싸고 끊임없이 변화하는 **우리 자신의** 관점의 역사이기도 하다. 우리가 자신의 성을 기술하는 방식 속에는 먼 과거에 대해서 만큼이나 현재와 그 현재에 대한 관심이 스며 있다.

물론 우리는 성의 역사를 심사숙고하는 첫 세대도 아니며, 그런 일에 열의를 가진 첫 세대도 아니다. 성애적 삶의 의미와 함축을 헤아리는 이들에게 과거를 어떻게 이해할 것인가라는 문제는 항상 중요하기 짝이 없었다. 로잘린 카워드는 그녀의 글 「가부장제의 전례들 Patriarchal Precedents」에서, 19세기 후반경 근대 가족과 성형태의 성격을 둘러싸고 벌어졌던 복잡하고 가열된 논쟁을 묘사했다.*8 선구적 사회과학자들은 인간 사회의 기원을 탐문하면서, 성이야말로 사회적 기원을 사고할 수 있는 최고의 지점이라고 판단했다. 이로부터 성생활 유형들의 진화와 발전을 둘러싸고, 서로 대립적인 이론들이 흘러나왔다. 근대 가족은 원시부족으로부터 진화한 것일까? 아니면 그것은 역사의 시원에서부터 자연스럽게 이미 거기에 있었던 것일까? 우리 조상들은 원시적 난교상태에서 살았을까? 또 일부일처제는 생물학적 필연성이자 사실일까? '여성의 성이 세계적으로 역사적 패배'를 당하기 이전 한때나마 성적 평등의 에덴이 있었을까? 혹은 가부장적 지배는 문명의 여명기부터 출현하였던 걸까? 이러한 질문에 어떻게 답변할 것인가는 현존하는 사회적 형식들(결혼, 성적 불평등, 도덕성에 대한 이중적 기준)뿐 아니라 서구와 공존하는 다른 '원시' 문화에 대해 어떤 입장을 취하느냐에 달려 있다. 진화 사다리의 어느 지점에서 멈춰버린 원주민들 aborigines의 행동과 제의 속에서 우리는 진화의 역사를 밝힐 단서를 발견할 수 있지 않을까? 또 이 원주민들은 문화의 가변성에 관해 그 어떤 것을 알려주지 않을까?

우리는 이 진화론 논쟁의 결론들로부터 여전히 전혀 자유롭지 못하다. 금세기 내내 인종차별적 행위들은 다른 인종들이 원시적 상태에 결박되어 있다는 주장을 통해 자신을 정당화했다. 비산업사회에서 향유되는 성적 자유를 미덕으로 예찬하는 이들조차 이 미개인들이 많든 적든 '자연에 훨씬 가깝다'는 확신에 기대고 있다. 이와 비슷하게 가부장적 남성지배를 둘러싼 현대 여성해방운동가들의 논쟁 역시 한 세기전의 열띤 진화논쟁의 논거들을 다시 끄집어낸 것에 다름아니다. 그런데 인간 문화의 진화에 얽힌 해묵은 문제들은, 1920년대부터 성에 대해 새로운 문제제기를 행한 인류학적 접근에 의해 대치되었다. 이는 무엇보다 브로니슬라프 말리노프스키 Bronislaw Malinowski와 마가렛 미드 M. Mead같은 논자들과 관계있다. 이들은 현존하는 미개사회들을 관찰한 결과에 바탕하여 우리 자신의 전사 pre-history를 이해하려드는 것이 얼마나 무모한 일인지 깨닫고 있었다. 그 결과 특수한 개별 사회를 이해할 때 각 사회 속에서 구성된 관점들에 비춰 그 사회를 이해하고자 하는 새로운 노력이 일어났다. 20세기 산업사회의 기준에 비춰볼 때 그것이 아무리 이국적이라 하더라도, 이러한 노력을 기울임으로써 일종의 문화적 상대주의에 비추어 다른 성적 습속을 관찰하고 다른 성체제 sexual systems의 타당성을 인정하려는 태도들이 생겨났다. 이 새로운 접근은 서구 문화를 새로운 맥락 속에 자리잡도록 하는 데 커다란 영향력을 발휘했다. 게다가 전세계의 성적 유형들의 다양성을 인정하게 됨에 따라, 자문화내의 다양한 성 형태에 대해서도 보다 동정적인 이해가 조성되었다. 사회인류학은 자기 사회의 역사적 성격을 판단할 수 있을 비판적 기준을 제공해주었다. 이 분야의 가장 유명한 사례인 사모아에서의 '성년화 coming of age'에 대한 마가렛 미드의 낭만적 설명은, 청소년들의 문제를 다루는 미국의 (억압적인) 방식이 바람직하거나 불가피하고 필연적인 것이 아님을 입증함으로써*9, 1930년대에 여러 영역에 영향을 미쳤다.

하지만 이러한 접근방법에도 곤란들이 산재해 있었다. 먼저 사회적인 요구들에 잘 조정된 반응이라는 식으로 모든 성행위를 그 기능에 따라 이해하고자 하는 위험한 태도가 배어 있었다. 말리노프스키의 경우, 사회법칙에 대한 이해는 자연의 법칙에 관한 과학적 이해와 조응해야 한다고 주장했다. 그는 앨리스 Ellis에게 찬사를 보냈고 프로이트에 대해서는 자신이 '가장 인간적, 근본적인 것'을 파악하는 데 도움을 주었다며 깊은 존경을 표명했다.*10 말리노프스키는 문화를 기본적인 인간 본성을 충족시키기 위해 설계된 정교한 기계로 보았다. 그 과정에서, 비록 '자연적인 것'이 진화의 산물이기보다는 기본적인 본능적 욕구의 산물로 간주되기는 했어도, 애초의 자연적인 것의 지위는 전혀 의문시되지 않은 채 재확증되었다. 또한

섹슈얼리티: 성의 정치

뉴욕의 게이커뮤니티인 스톤월지역에 대한 경찰습격에 저항하여 폭발한 게이해방운동은 이제 25년의 시련을 거쳐왔다. 사진은 스톤월봉기 25주년을 기념하여 벌어진 뉴욕 맨헤튼에서의 행진 모습.

루스 베네딕트 Ruth Benedict와 마가렛 미드 그리고 그의 추종자들은 인간 욕구의 '무한한 유연성'을 옹호하는 과정에서, 여러가지 성적 유형들을 좀더 역사적인 것으로 설명하는 게 아니라 타 민족들의 성생활을 단순히 기록하기만 하는 기술적인 descriptive 인류학으로 전락했다. 이 기술적인 인류학내에서 독자들은 타 민족의 성생활에 대한 황홀하고 야릇한 감정만 환기받을 뿐, 왜 이런 유형이 그런 식으로 존재하는 지는 전혀 설명받을 수 없었다. 이 탓에 결정구조에 관한 어떤 이론도 겸비하지 못했던 인류학적 주장들 속으로 본질주의적 가정들이 슬그머니 다시 스며들었다.

성에 대한 역사적 접근을 발전시키고자 하는 현대적 시도의 독창성은, 우리가 물려받은 성적 범주들과 가정들이 자연스러운 것이고 필수불가결한 것이라는 주장을 문제제기했다는 점이다. 사회학자 가뇽 Gagnon과 사이몬 Simon은, -아마 인구 희박과 문화적 침윤때문에- 과거 그 언젠가 성에 그 어떤 의의를 **부여할 필요**가 있었을지 모른다고 말한 적이 있다.*11 프랑스의 철학자 미셸 푸코는 '성'이라는 범주 그 자체를 문제시함으로써 이들보다 훨씬 멀리 나아갔다.

성은 권력이 통괄하려드는 일종의 자연적 소여라거나 앎이 점차 벗겨내고야 말 모호함의 영역으로 생각되어서는 안된다. 그것은 하나의 역사적 구성물에 부여될 수 있는 이름이다.*12

푸코의 작업은 사회학과 급진적 사회사에서 창조적으로 발전되고 있던 일련의 작업을 폭증시키고 그 질을 상승시켰다는 점에서, 성의 역사에 관한 최근 논의에 결정적으로 기여했다. 푸코의 작업은 이미 형식화되어 있던 일련의 문제들에 초점을 맞추었다. 무엇이 성적인 신념과 행동을 구성하는가 하는 질문에 더해, 성 그 자체의 이념의 역사에 관한 새로운 질문들이 추가되었다. 푸코에게 성은 여러 요소들의 관계였고, 관습들 practices과 행위들에 부여하는 일련의 의미들이었으며, 나름의 역사를 지닌 사회적 장치 social appratus였다. 이들은 전기독교적이거나, 기독교적인 과거로부터 복합적으로 형성되긴 했지만, 오직 근대로 접어들어서야 개념적 통일을 달성했고 또 다양한 효과를 발휘했다. 이런 류의 성에 대한 역사적 접근방법이 가진 가장 중요한 결과는 성이라는 영역 전체가 비판적 분석과 평가에 개방되었다는 점이다. 이로 인해 성과 다른 사회적 현상의 관계가 해명될 수 있었다. 이제 세 가지 유형의 문제가 결정적으로 중요하게 된다. 첫째, 성은 어떻게 구성되었으며, 그것은 경제적, 사회적, 정치적 구조와 어떻게 접합되어 있는가. 한 마디로 말해 성은 어떻게 '사회적으로 구성' 되어지는가. 둘째, 성의 영역이 어떻게, 그리고 왜 서구 문화에서 그렇듯 중시되었으며 또 조직적, 상징적 의미를 갖게 되었는가. 마지막 세번째로 성과 권력의 관계란 무엇인가? 우리가 계급분할과 남성지배의 유형 그리고 인종주의에 어떤 역할을 배당할 것인가. 그런데 이 각각의 질문들을 추적할 때, 우리는 반복적으로 나타나는 문제 하나에 맞닥뜨린다. 만일 성이 인간 주체에 의해 구성된다면 그것은 어느 정도 변화될 수 있는가 하는 것이 바로 그것이다. 나는 다음 장들에서 이 문제를 다루려고 한다. 앞의 세 가지는 이 장의 남은 부분에서 차례차례 설명하기로 한다.

성이라는 '사회적 구성물'

'성이라는 사회적 구성물'. 이 통상적인 어휘는 거북스럽고 기계적인 울림을 갖는다. 그러나 이 말은 '우리의 감정, 욕망 그리고 관계들이 사회에 의해 형성되는 복잡다양한 방식들' *13과 정면대결한다. 실제 대부분의 논자들은 성은 문명이라는 얇은 외피로는 억제하기 어려운 불가항력적인 자연적 힘이라 가정하고, 과거에 우리가 그러한 성을 지녔으리라 짐작한다. 말리노프스키에 따르면,

성은 가장 강력한 본능이다... 남성의 질투, 성적인 정숙, 여성의 수줍음, 성적인 매력과 구애의 메카니즘, 이 모든 힘들과 조건들때문에 가장 원시적 인간집단조차 본능을 억압, 규제, 교화할 강력한 수단을 필요로 하였다.

그가 다른 글에서 지적했듯 '성'은 아담과 이브 이래 줄곧 대부분의 인간 고통의 원천이었으며, '진정 위험한 것'이다.*14 이 말 속에서, 우리는 성이란 도덕과 신앙 그리고 사회적 제약의 요구에 맞서 만족을 추구하고자 하는 전능한 본능이라 보았던 19세기 말 크래프트 에빙 Krafft-Ebing식 관

점이 여전히 반향되고 있음을 감지할 수 있다. 그러나 정통적인 강단 역사학자들도 예외가 아니다. 예를 들면 로렌스 스톤 Lawrence Stone은 그의 저서 「가족, 성 그리고 결혼 The Family Sex and Marriage」에서 '이드'(프로이트적 무의식의 에너지)가 모든 충동 가운데 가장 강력하고 불변적이라는 관념을 분명히 거부하고 있다. 그는 단백질, 음식, 체력의 발휘, 심리적 스트레스 등의 변화에 따라 성의 조직도 달라진다고 주장하였다. 하지만 그 역시 성적 충동을 억압하지만 때로는 해방시키기도 하는 '초자아'(우리의 내면화된 가치체계)를 거론한다. 결국 이런 이야기 역시 성에 대한 낡아빠진 정통적 상 picture을 재생산한다.*15

앞의 접근방법은, 성이란 문화적 기반에 의해 억제되고 제한되어져야만 할 기본적인 '생물학적 욕구'를 산출한다고 가정한다. 성에 대한 본질주의적 접근이란 바로 이것이다. 이 입장은 여러가지 형태를 취한다. 라이히나 마르쿠제와 같은 해방이론가들은 성을 부패한 문명에 의해 억압된 유익한 힘으로 보는 경향이 있다. 반면 현대 사회생물학자들은 다소 불특정하지만 모든 사회형태들을 기초 유전물질의 발현체로 본다. 또 그들은 자연세계야말로 우리가 사회를 이해하기 위해 반드시 이용해야 할 원료라고 본다. 이러한 주장들에 반해, 나는 성이란 사회적 힘들에 의해 구성된다는 점을 강조한다. 성은 사회적 삶에서 가장 본질적인 요소도 아니고 문화적으로 형태짓기 어려운 것도 아니다. 도리어 성이야말로 가장 조직하기 쉬운 것이다. 사실 나는 성이란 사회적 형태들과 사회적 조직을 통해서만 존재할 수 있다고 판단한다. 육체의 성애적 가능성을 구성하고 주조하는 힘들은 사회마다 다양하다. 엘렌 로즈 Ellen Rose나 라이너 라프 Rayner Rapp가 언급했던 것처럼 '성 사회화'는 '제의 ritual, 의복 또는 요리의 사회화만큼이나 각 문화마다 특수하다.'*16 이는 성이 놓여야 할 자리가 자연이라기보다는 사회나 사회적 관계라는 점을 확연히 보여준다.

그렇지만 내가 생물학적 설명의 의의를 부정하는 것은 아니다. 심리학과 신체의 유형학 morphology은 성을 이해하기 위한 전제조건을 제공한다. 생물학은 무엇이 가능한지를 조건짓고 제한한다. 하지만 이로부터 성생활의 유형들이 만들어지는 것은 아니다. 우리는 인간 행동을 DNA의 신비한 작업이나 최근 두 생물학자의 말처럼 '염색체의 유희' *17로 환원시킬 수 없다. 나는 생물학내에서 오직 사회적 관계들에 의해서만 그 의미가 부여되고 변형될 수 있을 일단의 잠재적 가능성을 찾아볼 수 있을 따름이라고 생각한다. 인간 역사와 인간 의식은 대단히 복잡한 현상이다. 우리의 이론적 입장은 성 사회학과 성 인류학, 정신분석학에서의 혁명 그리고 새로운 사회사적 작업에 기반한다. 출발점은 다르지만 이 입장들은 공통적인 가정을 상정한다. 첫째, 성이란 자율적인 영역이며, 독자적 인과법칙을 갖는 자연적 지형이고, 또 사회적으로 통제되어야 할 저항적 에너지로 보는 것을 공히 거부한다. 우리는 더 이상 '성'과 '사회'가 마치 상이한 영역인 양 대립시킬 수 없다. 둘째, 성의 형태, 신념, 이데올로기, 행동들의 사회적 가변성을 널리 인정한다. 성은 하나의 역사를, 아니 좀더 실제적으로 보자면 여러 개의 역사를 가지며, 그리고 그 각각의 역사는 그 나름의 독자성 속에서, 그리고 복합적인 유형의 부분이라는 점에서 이해되어야 한다. 셋째, 우리는 다음과 같은 생각을 포기해야만 한다. 그것은 억제와 발산, 억압과 해방이라는 이분법적인 견지에서 성의 역사를 이해하는 것이다. 성은 그것이 우리를 파괴하지 못하도록 억눌러야 하는 들끓는 증기가 아니며, 그렇다고 우리의 문명을 구하기 위해 해방시켜야만 하는 생의 에너지도 아니다. 이제 우리는 성을 사회적 산물이라고 인식해야 한다. 인간의 행위들에 의미를 부여하는 것은 다양한 사회적 실천들, 이를테면 사회적 정의 definitions와 자기 정의 그리고 정의하고 규제하는 권력을 거머쥔 자들과 그에 저항하는 자들 사이의 투쟁의 결과이다. 성이란 이미 주어진 것이 아니라 타협과 투쟁 그리고 인간 주체의 산물이다.

플루머가 주장했듯 성적인 것은 아무 것도 없다. 단지 명명에 의해서 성적인 것으로 될 뿐이다.*18 사정이 이렇다면 우리는 서구의 정의들을 타 문화에 적용할 때 신중해질 필요가 있다. 성에 귀속된 의미와 성애적 삶의 다양한 현상형태에 대한 태도는 무척 다양하다. 몇몇 사회는 자신들이 '비성적'이라 간주하는 성애적 행동들에 대해서는 별반 관심이 없다.*19 이와는 대조적으로 이슬람 문화권에서는 성적인 것과 종교적인 것을 결합하려 꾸준히 애쓰면서 성에 대한 서정적 관점 lyrical view을 발전시켜왔다. 부디바

Bouhdiba는, 이슬람교로부터 '격렬하게 비난받는' 동성애가 아닌 한, 이슬람세계에서 "성의 실천은 근본적으로 정당하다"고 쓰고 있다.*20 아다시피 서구 기독교세계는 성을 도덕적 고뇌와 갈등의 영역으로 보면서, 영혼과 육체, 마음과 몸이라는 끈질긴 이원론을 설정하고 있었다. 그것은 육체에 정신없이 몰두해 있으면서도 또 한편으로 그 육체를 거부하도록 만들어진 문화적 배치로부터 빚어진 결과였다. 문화적 태도라는 폭넓은 변수내에서 개별 문화는, 여러가지 상이한 관습을 적절한 것과 부적절한 것, 도덕적인 것과 부도덕한 것, 건전한 것과 변태적인 것으로 분류한다. 서구문화는 계속 소폭의 행위만을 타당한 행동의 범주 속에 넣었다. 비슷한 또래 이성 파트너 간의 일부일처제적 결혼이 여전히 규범으로 남아있고(물론 비록 현실이 반드시 이러한 것은 아니지만), 숱한 변화에도 불구하고 결혼은 성인으로, 그리고 성행위로 진입하는 관문으로 받아들여진다. 한편 동성애는 엄청난 금기의 유산을 안고 있다. 데니스 알트만 Dennis Altman이 갈파했듯 오늘날 동성애자들 homosexuals은 인정되고 있을지 몰라도 동성애 homosexuality는 그렇지 않다. 에이즈 AIDS같은 질병으로 인해 게이의 생활양식 lifestyles에 대한 공포가 가중되는 상황에서, 앞의 이야기는 별로 틀린 이야기로 들리지 않는다.*21 타 문화권에서도 반드시 비슷한 형태의 금기가 나타나는 건 아니다. 인류학자 포드 Ford와 비치 Beach가 조사한 바로는 각기 다른 185개의 사회들 중 단 15%에서만 한 명의 배우자와 제한된 성관계를 맺는 것으로 나타났다. 킨제이의 수치들은 표면적인 유사성 배면에 다양한 성적 관행이 존재한다는 점을 보여준다. 일례로 1940년에 조사한 그의 표본에는 40세 남성의 경우는 50% 그리고 여성의 경우는 26%가 혼외정사의 경험이 있다고 응답하였다.*22

그러나 결혼이 반드시 이성애적인 것은 아니다. 누어족 the Nuer에서는 나이 터울이 있는 여자들 사이에 '결혼이' 이뤄진다.*23 이렇듯 동성애애 대한 금기가 보편적인 것은 아니다. 아프리카 부족의 성년식, (고대 그리이스에서의) 성인과 미성년자 사이의 교육적 관계, 아메리카원주민과 완전히 일체가 되어 살아가는 복장도착 연인들(버다치족 the berdache)에 이르기까지, 다양한 형태의 제도화된 동성애가 존재한다.*24

우리가 살고 있는 서구에서는 여전히 생식이라는 하나의 결과와 연관해서만 성의 규범을 정의하고 있다. 지난 수세기 동안의 기독교 지배 하에서 이 규범은 여러 성관계를 정당화하는 유일한 방편이었다. 그러나 타 문화권에서는 성교 copulation와 생식 procreation을 연결조차 못하는 경우가 있다. 몇몇 사회는 단지 아버지의 역할만을, 다른 사회들은 어머니의 역할만을 인정하기도 하였다. 말리노프스키가 연구한 트로브리안드 섬주민들 Trobriand Islanders은 성교 intercourse와 생식 reproduction 간의 연관을 이해하지 못했다. 성교가 그들에게 어떤 의미를 갖게 되는 것은 어린아이의 정령 sprit child이 자궁안으로 들어간 후의 일이다. 이들은 이 요정이 장래에 어린아이의 성격을 주조한다고 생각했다.*25

플루머가 말했듯 개별 문화는 나름의 '제한의 주체 who restrictions' 와 '제한의 방법 how restrictions' 을 만들어낸다. '제한의 주체' 란 누구를 배우자로 택할 것인가를 한정하는 배우자의 성별, 종 species, 인종, 나이, 혈통, 카스트, 계급 따위와 관련된 것이다. 그리고 '제한의 방법' 이란 우리가 사용해야 하는 육체기관, 우리가 들어갈 수 있는 구멍들, 성행위나 성교의 방식, 우리가 얼마나 자주 만질 수 있는가, 또 언제 만질수 있는가 따위와 관계되어 있다.*26 이러한 규제들은 공식적인 것과 비공식적인 것, 법적인 것과 초법적인 것들 등의 다양한 형태들을 취한다. 그렇다고 이것이 사회 전체에 미분화된 채 적용되는 것은 아니다. 예컨대, 통상 남성과 여성에 따라 각기 다른 규칙이 적용되고, 이는 남성의 성에 여성의 성을 예속시키는 방식 속에서 주조된다. 이러한 규칙들은 실제적 지침이기보다는 추상적인 규범으로 받아들여진다. 또 이 규칙들은 성애적 생활이 구성되도록 하는 관용, 금지, 제한과 가능성 따위를 제공하기도 한다.

성이 사회적으로 조직될 때, 크게 다섯 가지 영역이 중시된다. 그것은 친족과 가족체계, 경제적.사회적 조직체, 사회적 규제, 정치적 간섭책들 그리고 '저항문화' 의 발전이다.

(1) 친족과 가족체계

친족과 가족체계는 그 어느 것보다 기본적이고 불변적인 형태인 것처럼 생각되곤 한다. 즉 이는 성 사회화와 성경험의 '자연적' 축으로 유달리 강조되었다. 예컨대 몇 촌 뻘 정도의 친족관계내에서는 성적 접촉 involvement을 금지하는 근친상간의 금기는 보편적 법칙으로 간주된다. 그리고 종종 주장되듯 이 금기는 자연상태에서 인간 사회로의 이행을 표현한다. 요컨대 그것은 문화의 본질요소인 것이다(이것은 또한 저 끈덕진 신화 즉 외디푸스 신화의 토대이다). 그러나 금기의 형태는 엄청나게 다양하다. 중세 기독교 전통에서는 7촌까지 혼인 관계가 금지되었다. 반면, 오늘날에는 사촌 조카와도 결혼이 허용된다. 파라오 시대의 이집트에서는 이복형제, 자매간의 결혼도 인정되었으며, 왕족 혈통의 순수성을 보존할 목적으로 어떤 경우에는 부녀간 결혼도 있었다.[*27] 근친상간 금기는 어느 사회나 성을 규제할 필요가 있었다는 점을 보여주지만 정작 이 규제가 어떻게 이루어졌는지는 말해주지 않는다. 하지만 '혈연관계'도 문화라는 창을 통해서 해석되어야만 한다. 친족관계란 자연적인 혈통의 결합이 아니라 주거공간은 근접해 있지만 별 다른 유전적 유사성이 없는 집단들 사이에 맺어지는 사회적 관계이다. 마샬 살린스 Mashall Sahlins는 다음과 같이 말하고 있다.

> 친족이라는 개념은 생물학과 거의 무관한 것인지도 모른다. 왜냐면 '혈족 close blood'이라는 개념에는 한줌 밖에 안되는 가계적 인척관계만이 포함되기 때문이다. 하지만 동시에 그 범주 내에는 혈통이 같으면서도 매우 먼 관계의 사람들, 심지어 전혀 남남인 사람들이 포함되기도 한다. 이들 (유전적으로) 남남인 사람들 속에 자신의 (문화적) 후손들이 있을 수도 있다.[*28]

누가 친족인지를 결정하고 무엇이 '가족' 인지를 기술하는 것은 분명 역사적 요인들에 달려 있다. 상이한 가족형태들이 다수 존재한다. 특히 고도로 산업화된 서구 사회의 경우 계급적 차이에 따라, 그리고 지역, 종교, 인종, 민족집단적 차이에 따라 다양한 가족형태가 나타난다. 가족유형들은 경제적 요인들, 유전법칙들에 의해, 그리고 결혼과 이혼의 규제나 사회복지와 조세정책을 통해, 가족을 유지하려는 국가 개입에 의해 부단히 재구성된다. 이 모두는 성생활의 여러 유형들에 비슷한 영향을 끼친다. 예컨대 결혼율, 결혼연령, 생식의 범위, 비생식적 또는 비이성애적 성에 대한 태도, 여성에 대한 남성의 상대적인 권력 등은 이에 의해 크게 좌우된다. 이 요소들은 그 자체로도 중요하다. 그런데 이 요인들은 이중적 중요성을 갖는다. 가족이야말로 서구 문화내에서 우리 자신의 개인적인 성적 욕구와 정체성을 이해하게 되는 영역이고, (정신분석학에 동의한다면) 초기 단계에서 우리의 성적 욕망이 조직되는 영역이기 때문이다. 따라서 성 sexuality을 이해하기 위해서는 섹스 이상의 것을 이해해야 한다. 즉 성이 발생하는 일련의 관계를 이해해야만 하는 것이다.

(2) 경제적 사회적 조직체

이미 밝혔듯, 가족 그 자체는 자율적, 자연적 실체가 아니다. 가족은 폭넓은 여러가지 사회적 관계에 의해 형성된다. 가계유형은 경제력과 경제적 변화에 의해 형성된 계급분할들 그리고 도시화와 급속한 산업적, 사회적 변화의 정도에 따라 달라질 수 있다.[29] 과거 그리고 아마 지금도, 노동자 이주는 연애패턴에 영향을 미치고 있으며 또 사생아 출산율을 설명하는 근거로도 차용된다. 19세기 초 영국 농촌인구의 프롤레타리아화는 사생아의 엄청난 증가를 가져왔다. 이는 예전의 연애패턴이 경제적, 산업적 혼란에 의해 와해되었기 때문이다. 이 경우 사생아의 증대는 의식적인 성혁명보다는 '결혼 좌절 marriage frustrated'에 의해 나타난 것이다. 근로조건 역시 성생활을 변화시켰다. 그 좋은 예는 1920-30년대 공장 근로여성의 경우에서 잘 나타난다. 이 당시 공장노동에 종사했던 여성들은 인위적인 출산통제의 방법에 훨씬 더 익숙해지는 경향을 보였는데, 이 결과 단순히 가사일에만 종사하거나 그냥 집에서 소일하는 여성들에 비해 공장노동을 하는 여성들은 가족규모를 줄이는 데 훨씬 적극적이었다.[30]

남녀관계 또한 경제적 조건의 변화에 의해 지속적으로 영향받아왔다. 1950-60년대의 유급 기혼여성노동자의 증대가 가정생활 유형에 영향을 미친 것은 당연한 일이었다. 그리고 이는 전 세대에 새로운 성상품시장의 확대를 가져왔던 소비자 붐을 부추켰다. 하지만 성은 생산양식에 의해 결정되는 것이 아니다. 경제적 생활의 리듬은 성생활을 조직하는 기본적 전제조건과 궁극적 한계를 설정할 뿐이다.

(3)사회적 규제

경제적 생활이 성적 변화의 일정한 기본적 순환을 구축하지만, 성에 관한 규제의 실제적 형식들은 상당한 자율성을 갖는다. 성생활을 규제하는 형식적 방법들은 시대에 따라 다양한 형태를 취한다. 그리고 그것이 어떤 형태를 취할지는 종교적 의미함축, 국가의 역할 변화, 결혼유형을 규제하는 도덕적 동의의 존재 여부, 이혼율과 성적 이단의 범위 따위에 달려 있다. 지난 세기의 변화 가운데 가장 결정적인 것은 성에 관한 규제가 교회의 도덕적 규제로부터 의학, 교육, 심리학, 사회사업 및 복지활동 등을 통한 보다 세속적인 조직형태로 이전되었다는 점이다. 하지만 이러한 규제가 미친 영향이 처음부터 사전결정된 것은 아니라는 점을 깨닫는 게 중요하다. 대개 성생활은 행위자 authors의 의도만큼이나 비의도적인 사회적 행동의 결과에 따라 변화된다.

음란출판물 금지법은 종종 음란물 출판과 관련된 소송을 야기한다. (상영)금지된 야한 영화들은, 금지되지 않았다면 꿈도 못 꿨을 유명세를 누린다. 집단행동을 통제하고자 마련되었던 법률이 실제로는 단결을 강화하고 그들의 일체감을 증대시킬 수도 있다. 이는 19세기 말 남성 동성애와 연관된 법률들에서 뚜렷하게 예증된다.*31

그렇다고 형식적 방법들에 의해서만 성이 형성되지는 않는다. 많은 형태의 비형식적이고 관습적인 유형 역시 마찬가지로 중요하다. 일례로 청소년기의 연애에 대한 전통적 규제형태는 중요한 사회통제의 수단이었다. 몇몇 동네사람들이나 학생 또래집단이 합의를 이룬다고 기존의 규제가 깨뜨려지지는 않는 법이다. 물론 이는 전산업사회 못지않게 오늘날에도 적용되는 사실이다. 성적으로 모욕적인 언사('화냥년'이나 '갈보')는 소녀들을 기존 질서에 순응시키고, 그렇게 순응하는 소녀들과 그렇지 않은 소녀들에 대한 관례적 차별을 강화시킨다. 예의 규칙들에 묶여 있는 비공식적인 성적 규제의 방법들은 근대적 기준과 섞이면서 아주 해괴한 성행동의 현상형태들을 만들어낸다. 그런 예 가운데 하나가 19세기까지 잉글랜드와 웨일즈에서 부분적으로 행해진, '번들링 bundling'이라는 전통적 사랑의 형식이다. '번들링'이란 남녀가 옷을 입은 채 잠자리에 들어 침대에서 성행위를 하는 의식을 말한다. 한편 현대로 접어들면서 우리는 페팅(애무)처럼 아주 이례적인 현상을 발견할 수 있다. 이는 공중 앞에서의 공공연한 성교는 터부시되더라도, 다른 유희형태는 성행위로 정의되지 않으므로 거리낌없이 행해질 수 있다는 통념에 따른다. 1950년대 초 킨제이는 이렇게 지적한 적이 있다.

외국인 여행자들은 그렇게 노골적인 성애적 행동이 공개적으로 표출되는 것에 가끔 놀란다... 버스, 전차, 비행기같은 공공교통수단에서 점점 많은 페팅이 행해진다. 다른 승객들은 자신이 점잖은 양 보이기 위해, 이러한 행동을 모른 척 해주는 편이다. 오르가즘은 때때로 그러한 공공장소에서 이루어지는 페팅으로부터 얻어지기도 한다."*32

이러한 현상 속에는 어떤 행동의 허용 여부를 제한하는 반의식적 규칙이 얽혀 있다. 위와 같은 비형식적 규제의 방법은, 이를테면 사생아 임신을 제한하는 것에서처럼 중요한 사회적 효과를 미칠 수 있다. 비공식적 규제 형식은 때때로 공적 수치심을 유발하는 관습유형들, 조롱과 굴욕의 의식들 rituals-예를 들면 '셔리버리 charivari' (결혼식 후 신혼 집 창 밑에서 대야, 남비 따위를 두드리며 벌이는 야단법석-역주)나 '러프 뮤직 rough music' (앞의 다른 이름-역주)-에 의해 강화되곤 했으며, 이는 공동체적 규범을 다지는 데 톡톡한 역할을 하였다.

(4) 정치적 규제

이러한 형식적, 비형식적 통제방법은 정치적 틀의 변화 속에 자리잡고 있다. 다시 말해 성생활에 대한 법적 통제와 도덕적 개입의 정도는 특정 시기 정치적 세력관계에 의해 결정된다. 어떤 사안이 다른 사안보다 사회적으로 큰 의미를 지니는 것으로 받아들여지는 맥락은, 사회적 분위기에 의해 만들어진다. 세간 여론의 행방을 갈파하고 이를 쟁점화시킬 수 있는 노련한 '도덕의 흥행업자들'은 현행 법률을 강화하거나 새 법률을 입안하는 데 결정적인 몫을 한다. 최근 성해방론자들 그리고/또는 성일탈자들을 제압하는 보수적 성담론을 성공리에 구축해낸 미국 '신 우익'의 경우, 성을 둘러싼 정치적 동원의 가능성을 웅변해준다.

(5) 저항문화

하지만 성의 역사는 통제의 역사로 단순화될 수 없다. 성의 역사는 또한 도덕적 규범에 대한 비판과 저항의 역사이기도 하다. 도덕적 규제의 형태는 저항문화를 야기한다. 이를 보여주는 가장 두드러진 예는 산아제한 특히 낙태의 방법에 관한 지식을 얻고자 여성들이 구축했던 정보망에서 찾아볼 수 있다. 앵거스 맥라렌 Angus McLaren은 지적했 듯,

> 유산에 관한 의견을 살펴보다 보면, 남성 의사들, 도덕주의자들, 남편들의 태도와 준별되고 여성의 자율성, 독립성을 옹호하는 독자적인 여성적 성문화를 발견할 수 있다.

이러한 대안적 지식은 오랜 연륜을 갖고 있다. 그 고전적인 예로 19세기 말과 20세기 초반에 영국 중부지방에서 남성분이 함유된 단연경고 單鉛硬膏 diachylon가 널리 사용된 것을 들 수 있다. 사람들은 우연히 방부제로 사용되던 단연경고가 낙태에도 도움이 된다는 점을 발견하였고, 이에 따라 노동자계급 여성들은 1차세계대전 발발 전까지 임신예방법으로 이를 널리 사용하였다.*33 문화적 저항의 다른 예들은 성적 소수집단들에 의해 만들어진 연결망과 하위문화의 출현에서 찾아볼 수 있다. 중세말 이탈리아 도시들이나 17세기 말 이래 영국에서 보듯, 서구 역사내에서 남성동성애 하위문화는 유구한 역사를 가지고 있었다. 이 하위문화들은 폭넓은 사회적 연결망을 가진 근대 남성동성애적 정체성이 나타나는데 결정적 역할을 하였다. 지난 백여년 남짓 성과 성적인 사안을 둘러싸고 뚜렷한 대항적 정치

운동이 존재해왔다. 그러한 정치운동의 고전적 예로 단연 페미니즘을 들 수 있다. 하지만 최근의 역사학 작업들은 동성애자 권리를 획득하기 위한 캠페인과 성개혁운동이 오랫동안 이어져왔음을 밝혀준다(근대 게이-레즈비언 운동은 독일과 영국과 같은 나라에서는 19세기까지 그 전례가 거슬러 올라간다).*34 우리가 '성'이라 확신하는 것들은 실상 여러가지 영향력과 사회적 개입의 산물이다. 그것은 역사 밖에 존재하는 것이 아니라 역사적 산물이다. 성의 '사회적 구성'이라 말할 때의 의미는 바로 이것이다.

성의 중요성

어느 사회든 성애적인 삶을 조직하기 위해 나름의 조건을 창출해야만 한다. 하지만 어느 사회도 서구만큼 그렇게 강박적인 관심을 가지고 성애적 삶을 바라보지는 않았다. 고대 그리이스시대 이래 서구 역사 내내 우리가 성이라고 지칭하는 것은 도덕적 관심의 대상이었다. 하지만 성생활에 대한 인식이 한결같지는 않았다. 고대 그리이스인에게 있어 육체의 쾌락-**아프로디지아 aphrodisia**-에 대한 관심은 그저 하나의 관심사였을 뿐, 식이요법 dietary regulations이나 가정관계 이상으로 몰입해야 할 문제는 아니었다. 논의의 대상도 다양했다. 프로이트는 자신의 그 예민함으로, 이러한 차이의 한 측면을 요약할 수 있었다.

고대의 성애적 삶과 우리의 성애적 삶을 가장 두드러지게 구분시키는 점은, 확실히 고대인들이 본능 그 자체에 강조점을 두는 반면, 오늘날 우리들은 본능의 대상을 강조한다는 사실에 있다.*35

고대인들이 무절제함 혹은 과잉탐닉의 문제나 능동성과 수동성의 문제에 관심을 기울였던 것에 비해, 우리는 누구와 섹스를 하는가의 문제에 골몰한다. 플라톤이 아테네에서 소년애를 금지시켰던 것은 그것이 자연을 거스르는 짓이기 때문이 아니라 그것이 자연이 요구하는 바를 초과하는 것이기 때문이었다. 남색 sodomy은 매우 비도덕적인 것이었다. 그러나 이때의 도덕적 문제란, 네가 남자이면서 남자와 섹스했다는 것이 문제가 아니라, 네가 능동적이었는가, 수동적이었는가라는 문제였다. 수동적인 동성애의 관행과, 그리고 이를 수행한 사람들은 그들이 동성애자이기 때문이 아니라 그들이 수동적이기 때문에 거부되었다.*36 한편 우리는 동성애자인가, 이성애자인가의 여부에 따라 정의되는 어떤 사람의 정상성과 비정상성의 문제에 엄청나게 집착한다. 우리는 성적 욕망에서 자신의 본질적인 진실을 찾고자 한다. 이는 성에 부여된 의미가 조직되는 과정에서 중대한 변화가 있었음을 나타낸다.

그러한 변화과정은 장기적이고 복잡한 역사의 산물이었다. 그리고 그 변화의 전개과정에서 세번의 핵심적 전환기가 있었다. 그 첫번째 계기는 기독교화된 서구가 고개를 들기 전인 서기 1세기경, 일련의 혁신과 더불어 찾아왔다. 이는 새로운 절제법으로, 그리고 몰리티 mollities 즉 순전히 쾌락만을 탐닉하는 성을 점차 부인하는 것으로 나타났다. 교회는 남편이 결혼한 아내와 무절제하게 행동해서는 안된다는 관점을 받아들여 이를 다듬었다. 성의 목적은 생식이었고, 혼외정사는 분명 쾌락을 위한 것이기에 죄악으로 간주되었다. 플랜드린 Flandrin이 말한 바, "결혼은 인간을 부도덕으로부터 구제하기 위해 신에 의해 부여된 일종의 예방약이었다."*37 육신의 죄악들은 신성한 삶의 행로를 훼방놓는 끝없는 유혹이었다.

두번째의 결정적 계기는 첨예한 논란과 종교적 투쟁이 끝난 후인 12-3세기에 나타났다. 이 결과 성과 결혼의 문제에서 기독교 전통은 승리를 굳혔다. 하지만 그렇다고 이로부터 누구나가 똑같은 영향을 받은 것은 아니었다. 이 전통은 종교적, 세속적인 세력이 요구하던 새로운 규범을 수립하였다. 결혼은 가족이란 선을 추구하는 문제였다. 따라서 타인이면서도 함께 살아가야 할 이 두 사람을 위해 일단의 강력한 규칙들이 다듬어졌다. 그 결과 "부부는 침대에서도 결코 그들만 있는 게 아니었고, 그들의 성적인 장난 frolic에도 항상 고해신부의 그림자가 희미하게 드리워지곤 했다."*38 신학자들과 율법학자들은 단지 지적인 유희로서 뿐 아니라 실제적인 도덕적 문제들에 대해 상세히 답해주기 위해, 기혼부부의 성생활을 철저하게 거론하였다.

18-9세기에 접어들며 이성간 관계에 바탕한 성적 정상성의 정의가 점증하고, 그 결과 다른 형태의 관계들이 성적 일탈로 범주화됨에 따라 세번째이자 가장 결정적인 계기가 도래했다. 우리는 이 마지막 변화의 결과를 직접 물려받고 있다. 이는 종교적으로 도덕적 삶을 조직하는 것에서 세속적 규제(새로운 의학적, 심리학적 및 교육적 규범이 등장하면서 구체화된)로 성의 규제가 이동함에 따라 그 모습을 드러냈다. 그 결과 변태 degeneracy나 도착같은 새로운 유형이 나타났으며, 새로운 성적 정체성들이 증대되었다. 동성애는 죄악이라는 범주로부터 심리적, 사회적 기질로 그 위치가 변경되었다. 성과학은 성의 법칙에 대해 탐구하기 시작했고 마침내 '성'은 그 나름의 독자적인 인과론을 가진 또 하나의 지식의 대륙으로 등장하게 되었다.

동성애와 '동성애자'라는 범주의 출현은 사태의 맥락을 잘 보여준다. 물론 동성애적인 행위들은 어느 문화에나 존재하고, 서구의 경우 동성애의 역사는 오랫동안 지속되었다. 그러나 '동성애자들'이 존재한다는 관념은 상대적으로 새로운 것이다. 무엇을 들춰봐도 18세기 이전에 동성애(넓은 의미에서 동성간의 포괄적인 성애적 행위로 해석되는)가 있었던 것은 분명하다. 하지만 '동성애자'는 그렇지 않았다. 남색 sodomy같은 행동은 격렬히 비난받았다. 영국의 경우 공식적으로 최소한 1861년까지 남색행위에 대한 사형선고는 있었지만 동성애자라 불리는 특별한 인격적 유형에 대한 관념은 보이지 않았다. 남색은 특별히 동성애적 범죄에만 한정되지도 않았고, 남성간은 물론 남성과 여성, 남성과 동물 간의 관계에도 공히 적용되었다. 또 18세기 무렵 남색가 sodomites라는 특별한 인간형이 명징하게 인식되기 시작했지만, 그것 역시 인성적 특성이 아닌 행동성격에 따라 정의된 것이었다. 그러나 19세기 중반부터 '동성연애자'('동성애'라는 용어는 1860년대에 발명되었다)는 점차 특수한 종별적 특징을 갖는 존재가 되었다. 동성애자는 독자적인 감정과 잠재성에 의해 다른 사람들과 준별되었고 또 특유의 성심리적 조건을 갖는 존재로 인식되었다. 그리고 이러한 세인들의 태도는 그에 대한 복잡한 설명과 서술을 창안한 선구적 성과학자들에 의해 더욱 정교화되었다. 동성애는 도덕적 타락이나 퇴폐의 산물인가, 아니면 선천적 혹은 유년기적 외상의 결과인가? 동성애는 자연적 변이인가, 아니면 도착적인 기형인가? 그것을 있는 그대로 인정해야 하는가 아니면 치료를 받아야 하는가? 하브록 앨리스는 성대상 도착 invert과 성목표 도착 pervert을 구분하였고, 프로이트는 이를 다시 '절대적 도착', '양성겸비적 도착' 그리고 '우연적 contingent 도착'으로 세분했다. 얼마 후 클리포드 알렌 Clifford Allen은 강박적인 것, 신경적인것, 노이로제적인 것 그리고 정신병적인 것 psychotic에서 정신이상적인 것 psychopathic과 알콜중독적인 것 등 무려 12가지 정도로 그 유형을 세분하였다. 또 킨제이는 이성애/동성애적 행동의 스펙트럼을 산정하기 위해 7점 척도를 발명하였고, 이에 따라 그 후예들은 마치 실제 생활과 일치한다는 듯이 '킨제이 1점형'과 '5점형', '6점형' 하는 식으로 사람들을 구분하였다.*39

한편 다수의 역사가들은 이러한 낙인찍기와 분류하기의 유행으로 성현상에 관한 독특한 범주들이 나타나게 되었고, 그 배후에는 사회적 통제의 의지가 숨어 있었다는 식으로 주장한다. 레즈비언의 역사를 쓰는 이들은, 19세기 말과 20세기 초에 성화된 sexualized 레즈비언적 정체성이 발달하게 된 것은, 반남성적인 여성들을 한데 묶어주던 감정적, 정서적 연대를 끊어냄으로써 여성들의 분열을 조장하고자 했던 성과학자들의 간계 탓이라 강변했다.*40 이 주장도 분명 일리는 있다. 그렇지만 나는 이 기간에 독자적인 레즈비언적 정체성이 등장하게 된 것은 지배적인 규범(물론 이것이 남성과 여성들에게 각기 다른 효과를 미친다는 점은 두 말할 나위 없다)에 맞선 투쟁의 결과였다고 보는 편이 훨씬 근거있다고 생각한다. 성과학자들은 동성애자나 레즈비언을 발명했다기보다는 그저 눈 앞에 펼쳐지는 여러 변화를 그들 나름의 병리학적 언어에 끼워맞추고자 했을 뿐이다. 크래프트에빙같은 선구적 성과학자는, 어떤 성적 욕망의 표출도 통제하려 들었던 새로운 정치적 광기때문에 법정에 서게 되거나 도움을 청하게 되었던 이들을 자주 만날 수 있었다. 그런 점을 감안할 때, 명백한 도착으로 동성애를 정의했던 것은 새롭게 마주친 현실과 타협하고자 하는 하나의 시도였으며, 자기를 정의하고 싶은 충동에 응답하고자 노력 가운데 생겨난 결실이었다.

이제 점차 성행위는 특수한 인격적 유형을 정의하게 되었고, 이에 따라 사람들은 자신들의 차이를 정의하게 되었다. 1726년 런던에서 토마스 뉴턴 Thomas Newton이라는 사람이 경찰 정보원의 함정에 빠져 동성애적 행위를 한 혐의로 체포된 적이 있었다. 경찰과 대질하게 되었을 때, 그는 이렇게 말했다. "나는 동성애를 했다. 왜냐하면 나는 그가 동성애자일 것이라 생각했기 때문이다. 내가 생각하기에 자신의 기쁨을 위해 육체를 어떻게 사용하든 그것은 범죄가 되지 않는다."*41 여기에서 우리는 맹아적이지만 20세기의 동성애적 정체성에서 만개했던, 자기정의에의 충동을 찾아볼 수 있다. 19세기 말 동성애라는 범주가 대두함으로써 20세기의 새로운 성적 유형과 정체성들(복장도착자, 성전환자, 양성애자, 소년애자 그리고 사도마조히스트 등)이 범람하는 사태가 벌어졌다. 20세기인들은 자신들의 성을 정의함으로써 자기 스스로를 정의해 왔다. 이 대목에서 우리는 왜 성이 우리의 자아와 정상성을 정의하는 데 그렇게 중심적 가치를 지니는지 질문해보지 않을 수 없다.

성은 두 가지 주요한 관계의 축들이 접합하면서 만들어진다. 그 하나의 관계축은 우리의 주체성과의 관계-즉 우리는 누구이며 무엇인가라는-이고, 다른 하나의 관계축은 사회와의 관계-이는 미래의 성장, 복지, 건강 그리고 전체 인구의 증식과 관련되어 있다-이다. 이 두 가지는 밀접하게 연관되어 있다. 그 이유는 양자 모두 그 한가운데에 육체와 그 잠재성이 자리잡고 있기 때문이다. 로웨 Lowe가 말하듯, '인간 육체가 자율적이고 자의식적인 대상으로 바뀜에 따라' 즉 육체가 점차 세속적 관심의 대상이 됨에 따라,

> 감정은 세계로부터 위축되고 더욱 폐쇄되었으며, 부르주아 사회 내부에서 성은 두드러지게 나타났다.*42

그리고 사회가 도덕적 통합, 경제적 복지, 국가의 방위, 위생과 건강을 위해 그 구성원들의 삶에 쏟아붓는 관심이 늘어남에 따라, 사회는 점점 더 개인들의 성생활에 몰두하게 되었다. 그리고, 그 결과 개인들에 대한 통치와 관리의 복잡한 방법들, 도덕적 불안, 셀 수없이 많은 의학적, 위생학적, 법률적, 복지주의적 규제책들, 과학적 탐구(이 모두는 성을 이해함으로써

자아를 이해하고자 하는 의도를 깔고 있다)가 생겨났다.

　이러한 변화과정에서 성은 도덕만큼이나 중요한 사회적, 정치적 사안으로 변모되었다. 만일 19세기 초부터 지금까지 나타난 영국의 중요한 사회적 위기를 눈여겨 본다면, 성에 대한 편집적 관심이 이러한 위기들과 얽혀 있음을 깨달을 수 있을 것이다. 19세기 초 프랑스가 혁명전쟁의 위기로 시달릴 즈음 당시의 이데올로그들이 골몰했던 문제 중의 하나는, 프랑스 군주제를 붕괴시킨 도덕적 위기였다. 산업사회의 첫 공황이 터진 1830-40년대에는 여성의 성 그리고 공장과 광산에서 일하던 아동들의 여러가지 징조에 강박적인 관심이 쏠렸다. 19세기 중반무렵 새롭게 사회적 기강을 잡고자 취해졌던 제반 시도들은 도덕적 위생과 건강이라는 문제를 파고들었다. 1860-90년대에는 사회의 도덕적 규준과 도덕개혁을 둘러싸고 벌어졌던 공적 논쟁에서 매춘문제가 핵심적 의제가 되었다. 그리고 많은 이들이 그 시대의 도덕적 부패를 임박한 제국의 몰락을 알리는 신호로 받아들였다. 20세기 초에는 이러한 성에 쏠린 관심이 영국 국민의 인구학적 성격에 대한 관심으로 변화되었다. 비록 지배적 형태였던 것은 아니었지만, 우생학의 유행, 최우량종 번식계획은 복지정책 면에서나 (국제경쟁 속에서 국가적 우월성을 새로이 재편하고자 했던) 국가시책 면에서 상당한 영향을 미쳤다. 물론 이러한 현상이 금세기 인종주의의 확산에 불가결한 요소였음은 두 말할 나위 없다. 양차 대전 기간중과 1940년대에는 출산율 감소, 산아제한의 장점, 가족계획정책에 대한 선택적 장려 그리고 해방된 구 식민국을 둘러싸고 열띤 논쟁이 붙었다. 냉전기였던 1950년대에는 성적 퇴폐집단, 특히 동성애자에 관해 새로운 탐구가 진행되었는데, 그 이유인즉슨 이들이 반역을 꾀할 소지가 다분히 있다는 의혹때문이었다(그리고 이는 영국과 타 지역을 휩쓴 메카시적 마녀사냥의 주요 근거가 되었다). 소위 수십년간의 성적 방임주의를 거치고 난 1980년대까지, 소수적인 성적 선호의 형태들, 특히 동성애는 가족 몰락의 원인으로 비난받았고, 우익 정치세력이 재기하는 데 새로운 힘을 제공하였다. 이러한 위기의 소용돌이 속에서, 무엇이 문제인지가 명료해졌다. 그것은 가족적 삶의 규범들, 남성과 여성의 관계, 여성의 성의 본질, 성적 일탈 deviation의 문제, 성인과 아이들의 관계 등이었다. 이는 어느 사회에서나 중요한 문제이고 영국 역시 이 문제를 둘러싸고 열띤 논쟁을 벌여왔다. 그도 그럴 것이 성에 대한 논란이 곧 사회의 성격에 대한 논란이었기 때문이다. 한 마디로 성이 움직이는 대로 사회도 움직여 가는 것이다.

성과 권력

성과 권력, 이는 성을 둘러싼 여러 논점들이 현대 사회에서의 권력의 전반적 작동이라는 면에서 가일층 그 의의가 더해가고 있음을 말해주는 또 하나의 단면이다. 나는 앞서 성에 대한 역사적 접근방법이 갖는 효과 중의 하나가 바로 성의 권력을 억압적, 부정적인 것이라기보다 생산적인 것으로 바라보게 한다는 점이라고 말하였다. 억압이라는 은유는 수력학에서 연원한다. 그것은 억제되어야만 할 솟구치는 힘이라는 인상을 준다. 하지만 성에 대한 역사적 접근은, 성적 규제들을 구성하고 육체적 활동에 의미를 부여하며 또 정의를 내리고 한계를 규정하며 인간 행동을 통제하는 다양한 사회적 실천의 영향에 더 강조점을 둔다.

억압모델(푸코가 '억압가설 the repressive hypothesis'이라고 불렀던 것)을 거부한다고 해서 물론 모든 성적 규제체제가 동등한 힘과 효용을 갖는다는 것은 아니다. 분명히 어떤 것은 다른 것들에 비해 훨씬 가혹하며, 권위적이고 또 억압적이다. 사실 성에 대한 새로운 역사적 탐구가 가져온 가장 중요한 결과 가운데 하나는 빅토리아 시대 전체에 대한 재평가라고 할 수 있다. 전통적으로 이 시기는 도덕적 위선과 성에 대한 거부의 시기로 알려져 왔다. 현재 이런 류의 생각은 크게 잘못된 것으로 판명되었다. 19세기는 성을 거부하기는커녕, 성이라는 주제에 완전히 사로잡혀 있었다. 성은 은폐되기는커녕 왕성하게 논의되던 주제였다. 그렇다고 빅토리아 시대가 특별히 분방했다는 의미는 아니다. 1861년까지 영국 법전은 남색에 대한 사형선고를 명기하고 있었다. 여성의 성적 자율성에 대한 제약도 심각해서, 덕성스런 여성과 악한 여성 간의 구별(처녀와 창녀, 성녀와 매춘부)은 이 시기에 절정에 달했다. 지금이라고 모든 갈등이 완벽히 해결하는 것은 아니지만, 어쨌든 우리가 1세기 전보다 훨씬 나은 세계에 살고 있는 것만은 분명하다.

그럼에도 조야한 억압모델을 폐기하는 것이 유용한 것은, 이를 통해 특정 시기에 작동하는 권력의 실제 메카니즘을 이해할 수 있기 때문이다. 권력은 국가나 지배계급같은 특정 집단에 의해 장악되고 통제되는 단일한 실체가 아니다. 셔 Schur가 말했듯 권력은 "하나의 대상이라기보다는 과정에 훨씬 가깝다."*43 요컨대 권력은 변화무쌍한 유동적인 힘이며, 상이한 사회적 행위와의 관계를 통해 실행된다. 따라서 이러한 권력관을 취한다면, 성이 어떤 지배와 결정의 의지에 따라 주조되는 것으로 바라보는 이론적 접근법은 버리는 게 좋다. 그리고 그 규정력이, 기능주의적 사회학자들이 곧잘 얘기하듯 '사회'건, 마르크스주의자들의 말대로 '자본주의'건, 아니면 여성해방운동가들이 제시하듯 '가부장제'건, 여하튼 그런 것에 성을 모두 환원시킬 수는 없다. 즉 권력은 단일한 통제 메카니즘을 통해 작동하지 않는다. 그것은 지배와 비판을 혹은 예속과 저항을 생산하는 복잡하고 중첩된, 때로는 모순적이기까지 한 메카니즘을 통해 작동된다. 성의 세계에는 숱한 지배와 예속의 구조들이 있다. 그 가운데서 우리는 세 가지를 중요하게 꼽아볼 수 있다. 그것은 계급, 성 그리고 인종이다.

(1) 계급

계급적으로 차별화된 성적 규제는 근대 세계에만 고유한 것이 아니다. 전기독교적 로마의 노예소유사회에서도 도덕적 규준은 사회적 지위에 따라 천차만별이었다. 원로회 위원 세네카 Seneca의 기록에 따르면 "**수동적 impudicus** 이라는 것은 자유인의 불명예다. 하지만 주인에 대한 노예의 복종은 절대적이며, 노예상태로부터 해방된 자유민 또한 그에 순응해야 할 도덕적 의무가 있다."*44 그러한 고대 세계의 실상은 근대 세계에서 훨씬 선명하게 나타난다. 실제 '성'이라는 관념은 부르주아적인 것이라고 (푸코에 의해) 주장되어 왔다. 부르주아들은 18-19세기를 경과하며 하층민 사이에 만연된 부도덕함과 귀족의 타락에 맞서, 성을 자기 계급을 정의하는 한 측면으로 발전시켰다. 이는 자신의 형상에 따라 정치를 재주조하고자 했던

여성이 타자라면 자기 자신이 정의하고 누리는 삶은 없다는 이야기이리라. 이 퍼포먼스에서 고발하듯, 여성은 정작 자신의 눈에는 비가시적인 invisible 암흑일 뿐이다.

식민적 colonizing 신념체계였다. 남녀간 역할구분의 점차적 증대, 사적인 삶과 공적인 삶의 이데올로기적 구분의 증가 그리고 혼외적, 비이성애적 성에 관한 위생학적이고 도덕적인 검열에 대한 두드러진 관심과 더불어, 바야흐로 가족과 가정생활이라는 고매한 규준이 모든 행동을 판별하는 기준이 되었다. 물론 그렇다고, 대부분의 행동이 규범에 부합했던 것은 아니다. 노동계급의 행동이 중산층적 양식에 줄곧 반발했다는 증거는 수두룩하다. 그럼에도 불구하고 20세기의 복잡한 성적 유형들은 사회적 투쟁(그 속에서 계급은 결정적 역할을 한다)의 산물이다. 당연히 사회적 투쟁에 따라 계급적으로 특유한 성생활 유형이 나타난다. 1940년대에 18,000명의 미국인을 대상으로 한 표본조사에서, 킨제이는 그 행위가 자위나 동성애, 구강성교, 페팅, 매춘부와의 섹스, 혼전/혼외 성교, 총체적인 성적 방출 total sexual outlet 등 그 어느 것이든, 남자들의 성행동에는 상당한 계급적 차이가 나타난다고 주장했다. 반면 여성들의 경우엔 계급적 차이가 그다지 큰 비중을 차지하지 않았다. 이들에게는 오히려 연령이나 성별 이데올로기가 행동형성에 훨씬 중요한 요인이었다. 이후에 이뤄진 조사에서도, 비록 예전보다 계급적 경계가 부식되긴 했어도 여전히 계급에 따라 성행동의 패턴이 다르게 나타났다. 이렇게 볼 때, 문학작품들 속에서 계급과 권력 그리고 성적 욕망으로 얼키고 설킨 남녀간의(그리고 남성과 남성 간의) 관계상이 흔히 묘사되고 있음 또한 그리 놀랄 일도 아니다.

(2) 성별

아다시피 계급은 미분화된 범주가 아니다. 계급은 남성과 여성으로 이루어져 있고, 계급과 지위의 차이가 남녀 모두에게 동일한 의의를 갖는 것은 아니다. 성별 역시 아주 중대한 사회적 분할이다.

숱한 여성해방주의적 작가들은 성적 차이의 정교화가 여성억압의 결정적 요인이며, 성이란 남녀간 권력관계의 반영임은 물론 그 권력관계를 구성하고 유지하는 관건적인 요인이라 간주한다.*45 분명 이 주장은 타당하다. 여성의 성적 유형은, 무엇이 바람직하고 필요한 것인가를 규정하고 범주화하는 유구한 남성권력의 산물이다. 로잘린 카워드가 말했듯, '여성이 된다는 것'은

> 끊임없이 청구받고, 심문받는 일이다... 여성의 욕망은 우리 전체 사회 구조에 결정적이다. 그것이 그토록 모호하면서도 끈덕지게 추구되고, 또 그렇게 빈번하게 개작, 변조된다는 것은 놀라운 일이다.*46

물론 이렇게 추구되고, 개작, 변조되는 것은 여전히 남성에 의해서다. 리차드 다이어 Richard Dyer가 지적하듯, 남성의 성은 공기처럼 흔해 빠져, "당신이 언제나 호흡하면서도 그에 대해 별반 아는 게 없는 그런 것이다."*47 우리는 남성의 성이라는 개념을 통해 세상을 바라본다. 그래서 심지어 우리가 정작 남성의 성을 바라보는 게 아닌데도 그러한 남성적 준거틀에 의거해 세상을 바라본다.

하지만 이렇게 정의된 남성적 권력을 획일적이고 전능한 것으로 보는 것은 잘못이다. 법률, 의학, 심지어 통속적 세론조차 매우 모순적이고, 시간의 흐름에 따라 숱한 시련을 겪는다. 18세기 이전에는 여성의 성이란 탐욕스럽고, 순전히 소모적인 것으로 간주되었다. 19세기에는 정숙한 여성에

게는 여성적 성이 존재하지 않는다는 점을 주지시키고자 꾸준한 노력이 기울여졌다. 20세기에는 온갖 소비주의의 보조물로 여성의 성을 격하시키고자 하는 충동이 잇달았다. 이처럼 시대에 따라 위험스러운 것, 질병의 원천으로, 또 우생학의 시대에는 민족적 가치의 전이수단으로, 성교육 논쟁에서는 도덕적 순결의 파수꾼으로, 1960년대의 성개방과 성해방을 둘러싼 논쟁에서는 주관심사로, 여성의 성은 제나름대로 각기 다르게 인식되었다. 여성의 성은 경제적, 사회적 종속에 의해, 성을 정의하는 남성권력에 의해, 결혼이라는 제약에 의해, 그리고 반여성적인 남성폭력에 의해 제한되어왔다. 한편 이런 모순적 정의는 여성에게 자신들의 독자적인 욕구와 욕망을 정의할 기회를 제공하기도 하였다. 19세기 후반 이후 자기정의를 인정하는 공간이 급격히 팽창하였고, 이 속에는 결혼 내부에서의 쾌락 뿐 아니라 혼외적이고 비생식적 이성애적 행동 중 비교적 고상하다 싶은 몇몇 성행동이 포함되었다. 그러나 밴스Vance가 잘 지적했듯, '착한' 여자의 지위에서 현저하게, 그리고 공공연히 벗어난 여자들-예를 들면 레즈비언, 난교 또는 비전통적 이성애같은 행동을 즐기는 여자들-에 대해서는 여전히 폭력이 가해졌으며, 또 그 폭력이 정당화되었다.*48 아직도 이런저런 남성적 특권이 붕괴되지 않은 것이다. 그렇지만 금세기에 나타난 여러가지 실질적 변화나 여성해방운동의 꾸준한 활력을 염두에 둘 때, 이러한 남성적 특권들은 불가역적인 것도 또 불변적인 것도 아니다.

(3) 인종

계급과 성별에 따른 범주화는 민족성이나 인종에 따른 범주화와 교차한다. 성역사가들이 과거에 인종을 무시했던 것은 아니지만, 그들은 이미 있던 틀 속에 인종이라는 요소를 끼워맞췄다. 그래서 19세기 후반에 전개된 진화적 성모델은 흑인-'야만인'-이 백인보다 자연상태에 더 가깝고, 진화적 척도에서 더 열등한 것으로 묘사해야만 했다. 이러한 견해는 미드의 문화상대론적이고 자유주의적인 글 속에도 나타난다. 사모아인의 생활에 대한 그녀의 묘사에서 흥미있는 대목은, 사모아인들이 막연하나마 현대 미국인보다 자연과 더 친근하고 구속으로부터 자유롭다는 생각이다. 하지만 무엇보다 추악한 신화는 비유럽인들의 성적 욕구가 탐욕스럽기 짝이 없으며 이때문에 결과적으로 백인종의 순수성이 위협을 받게 된다는 신화이다. 흑인 남성의 정력에 대한 공포와 주인에 대한 봉사라는 명목으로 흑인여성에 가해진 반대착취 converse exploitation는, 19세기 미국 남부 노예사회의를 이해하는 데 뺄 수 없는 부분이었다. 인종차별적 남아프리카공화국에서 다른 종족간 결혼을 금지하고자 만들어진 '이종족 결혼금지법 Mixed Marriages Act'과 '풍기문란법 Immorality Act' 16조 따위는, 국민당 National Party이 1948년 권력을 장악한 후 인종분리정책을 수행하면서 도입한 인종차별입법 가운데 최초의 법률이었다. 1980년대에 국민당체제가 인종차별주의를 부분적으로 변형시켜 자신의 정치적 위기를 모면하고자 했을 때, 일단 가장 먼저 손대고자 했던 것이 바로 이 법률들이었다. 하지만 국민당의 법개정 시도는 극우파의 극렬한 비판에 부딪쳤다. 극우파들은 그 법률들이 폐지된다면 인종차별주의체제 전제가 무너져버릴 것이라고 주장하였다. 범세계적으로 볼 때, 유럽적 규준의 우월성이라는 신념이 극명하게 드러나는 부분은, 아마 제3세계 인구폭발에 쏠린 서구의 지대한 관심일 것이다. 그러한 서구의 관심으로 제3세계 지역 정부는 물론 개발주체들 쪽에서 서구의 인공산아제한정책을 액면 그대로 채택하게 되었고, 그 결과 사회생활이라는 민감한 생태계가 불균형상태에 빠지는 참담한 결과를 빚기도 했다. 이 점에서 우리는 산아제한에 관한 근대적 태도라는 것이 자신들의 출산력을 제한하고자 하는 여성의 욕망 그리고 유럽 인종의 적자생존이 그 목표였던 위생학과 '가족계획' 정책, 이 양자에 동시에 근거하고 있음을 상기할 수 있다. 이러한 과거의 우생학적 요소들은 현재의 관행에도 고스란히 남아있다. 일례로 이스라엘의 경우, 유태인 가족들에게는 아랍인 가족들보다 더 많은 자녀수가 할당되며, 영국의 경우 데포 프로베라 Depo Provera라는 위험천만한 피임주사가 흑인이나 극빈층 여성들 사이에 남용되고 있다. 한 연구에 따르면 가족계획상담소의 산아제한에 관한 전단에서조차 영어로 씌어진 전단보다 아시아권의 언어로 씌어진 전단이 훨씬 많다고 한다. 앞에 든 사례들의 배후에는 모든 민족이 복종해야 하는 문명화된 성행동의 규범이 존재한다는 가정이 자리잡고 있다. 또 이러한 가정은 이민법, 산아제한 홍보, 의학적 태도부터 사회학과 심리학, 가족생활의 병리학화에 이르는 일련의 사회적 실천 속에 약호화되어 있다.*49

서구와 제3세계의 대다수 흑인과 소수인종 민족들은, 현대의 여성해방 운동가들과 급진적 성정치학의 분석에 어느 정도 무의식적인 인종주의적 신념이 배어있다고 생각하여 이를 거부한다. 이로 인해 흑인적 경험을 중시하면서 반인종주의적 정치에 참여하는 다양한 형태의 성정치가 출현, 발전하게 되었다.

인종, 성별 그리고 계급의 영역은 어쩔 수 없이 중첩된다. 인종주의적 관행에 예속된 영국 흑인들은 대개 노동계급이지만, 그 종족집단에의 소속을 정의하는 것은 때로는 그 성별적 특징을 얼마나 성공리에 수행하냐에 달려있기도 하다. 권력은 복잡하게 맞물린 일련의 실천을 통해 작동한다. 결과적으로 억압적 권력형태에 대한 정치적 저항은 복잡하고 때로는 모순적이기도 하다. 따라서 성정치는 단일한 행동형태일 수 없다. 성정치는 근대 세계를 구성하는 사회적 적대와 모순의 전체적인 연결망 속에 얽혀 있다. 하지만 이 논의로부터 도출할 수 있는 요점이 있다. 성을 통일된 전체로 바라보지 말고, 다양한 형태의 성이 존재함을 받아들여야 한다는 것이다. 실제로 다수의 성이 존재한다. 계급적 성이 있고 특수한 성별적 성들이 있으며, 인종적 성들이 있는가 하면 선택과 투쟁의 성들도 있다. '성의 고안'은 먼 과거에 사라진 일회적 사건이 아니다. 성의 고안, 그것은 우리가 그 무대의 배우이자 관객이기도 한, 그리고 그 변화의 대상이자 주체이기도 한 지속적인 과정이다.

주

1. Carole S. Vance(ed.), *Pleasure and Danger: Exploring Female Sexuality*, Routledge & Kegan Paul, Boston and London(1984), 17쪽.

2. Vern L. Bullough, *Sex, Society and History*, Science History Publications, New York(1976; 특히 다음 글에 주목하라. 'Sex in History:

a virgin field', 초판 1972).

3. Gordon, Rattray Taylor, *Sex in History*, Thames & Huston, London(1953), 13쪽.

4. Kenneth Plummer, *Sexual Stigma: An Interactionist Account*, Routledge & Kegan Paul, London(1975), 13쪽.

5. Alfred C. Kinsey, Wardell B. Pomeroy, Clyde E. Martin and Paul H. Gebhard, *Sexual Behavior in the Human Female*, W. B. Saunders Company, Philadelphia and London(1953), 4쪽.

6. Richard Dawkins, *The Selfish Gene*, Granada, St Albans(1978), 10쪽. 사회생물학에 대해서는 3장에서 다시 자세히 설명할 것이다.

7. Robert A. Padgug, 'Sexual matters: on conceptualizing sexuality in history', *Radical History Review*, No.20, Spring/Summer 1979; '역사 속의 성', 특별호.

8. Rosalind Coward, *Patriarchal Precedents: Sexuality and Social Relations*, Routledge & Kegan Paul, London(1983).

9. Margaret Mead, *Coming of Age in Samoa: A Study of Adolescence and Sex in Primitive Societies*, Penguin, Harmondsworth(1977; 초판 1928). 이 작업에 대한 비판적 논의를 알고 싶으면 다음을 참조하라. Derek Freeman, *Margaret Mead and Samoa. The Making and Unmaking of an Anthropological Myth*, Havard University Press, Cambridge, Mass., and London(1983).

10. 이 구절은 다음 글에서 사용되었다. Bronislaw Malinowski, *Culture as a determinant of behavior*, 이 글은 다음 책에 재수록되어 있다. *Sex, Culture and Myth*, Rupert Hart-Davis, London(1963), 167쪽.

11. J. H. Gagnon and William Simon, *Sexual Conduct. The Social Sources of Human Sexuality*, Hutchinson, London(1973).

12. Michel Foucault, *The History of Sexuality*, Vol.1, *An Introduction*,

Robert Hurley(trans.), Allen Lane, London(1979), 105쪽.

13. Sue Cartledge and Joanna Ryan(eds.), *Sex and Love. New Thoughts on Old Contradictions*, The Women's Press, London(1983), 1쪽.

14. Bronislaw Malinowski, *Sex, Culture and Myth*, Rupert Hart-Davis, London(1963), 120쪽, 127쪽.

15. Lawrence Stone, *The Family, Sex and Marriage in England 1500-1800*, Weidenfeld & Nicholson, London(1977), 15쪽.

16. Ellen Ross and Rayna Rapp, 'Sex and society: a research note from social history and anthropology', Ann Snitow, Christine Stansell and Sharon Thompson(eds.), *Desire: The Polotics of Sexuality*, Virago, London(1984), 109쪽, 미국판은 *Powers of Desire: The Polotics of Sexuality*라는 제목으로 출간되었다. Monthly Review Press, New York(1983).

17. Jeremy Cherfas and John Gribbin, *The Redundand Male*, The Bodley Head, London(1984).

18. K. Plummer, 위의 책을 참조할 것.

19. 이를테면 다음의 설명과 대조하라. J. C. Messenger, 'Sex and repressin in an Irish folk community', D. S. Marshall and R. C. Suggs, *Human Sexual Behavior: Variations across the Ethnographic Spectrum*, Basic Books, London(1971).

20. Abdelwahab Bouhdiba, *Sexuality in Islam*, Alan Sheridan(trans.), Routledge & Kega Paul(1985), 159쪽, 200쪽.

21. Dennis Altman, *The Homosexualization of America and The Americanization of Homosexual*, St Martin's Press, New York(1982), AIDS의 여파에 대해서는 5장에서 논의할 것이다.

22. C. S. Ford and A. Beach, *Patterns of Sexual Behavior*, Methuen, London(1965; 초판 1952), Kinsey et al., 위의 책 그리고 다음의 논의와

대조해보라. Michael Argyle and Monika Henderson, *The Anatomy of Relationships*, Heinemann, London(1985), 159쪽.

23. F. Edholm, 'The unnatural family', Elizabeth Whitelegg et al., *The Changing Experience of Women*, Martin Robertson, Oxford(1982).

24. C. S. Ford and A. Beach, 위의 책에 나와 있는 요약을 참조하라.

25. Bronislaw Malinowski, *The Sexual Life of Savages*, Routledge & Kegan Paul, London(1929).

26. K. Plummer, 'Sexual Diversity: a sociological perspective', K. Howells(ed.), *Sexual Diversity*, Blackwell, Oxford(1984).

27. Jean Renvoize, *Incest: A Family History*, Routledge & Kegan Paul, London(1982).

28. Marshall Sahlins, *The Use and Abuse of Biology: An Anthropological Critique of Sociobiology*, Tavistock, London(1976), 75쪽.

29. 좀더 상세한 논의로는 다음을 참조하라. Jeffrey Weeks, *Sex, Politics and Society:the Regulation of Sexuality Since 1800*, Longman, Harlow(1981), 4장.

30. 이에 대해서는 다음을 보라. Diana Gittins, *Fair Sex: Family Size and Structure 1900-1939*, Hutchinson, London(1982).

31. 다음의 내 책을 참조하라. *Coming Out: Homosexual Politics in Britain from the 19th Century to the Present*, Quartet, London(1977).

32. Kinsey et al., 위의 책, 259쪽.

33. Angus McLaren, *Reproductive Rituals*, Methuen, London(1984), 147쪽. Angus McLaren, *Birth Control in Nineteenth Century England*, Croom Helm, London(1978), 390쪽.

34. J. Weeks, 위의 책을 참조할 것.

35. Sigmund Freud, 'Three essays on the theory of sexuality', James Strachey(ed.), *The Standard Edition of the Complete Psychological Works of Sigmund Freud*, vol. 7, Hogarth Press and The Institute of Psychoanalysis, London(1953-1974).

36. Paul Veyne, 'Homosexuality in ancient Rome', Phillippe Aries and Andre Bejin(eds.), *Western Sexuality: Practice and Percept in Past and Present Times*, Blackwell, Oxford(1985), 27쪽.

37. Jean-Louis Flandin, 'Sex in married life in the early Middle ages: the Church's teaching and behavioural reality', P. Aries and A. Bejin, 같은 책, 115쪽.

38. 위의 글, 126쪽.

39. 다음을 참조하라. Jeffrey Weeks, *Sexuality and its Discontents: Meanings, Myths and Modern Sexualities*, Routledge & Kegan Paul, London(1985), 89-91쪽 그리고 8장을 참조할 것.

40. Lillian Faderman, *Surpassing the Love of Men*, Junction Books, London(1981).

41. Alan Bray, *Homosexuality in Renaissance England*, Gay Men's Press, London(1982), 114쪽.

42. Donald M. Lowe, *History of Bourgeois Perception*, Chicago University Press, Chicago(1982), 100쪽.

43. Edwin Shur, *The Politics of Deviance: Stigma Contests and the Uses of Power*, Prentice-Hall, Englewood Cliffs, N. J.(1980), 7쪽.

44. P. Veyne, 위의 책, 31쪽.

45. 예를 들면 다음의 주장을 보라. L. Coveney et al., *The Sexuality Papers. Male Sexuality and the Social Control of Women*, Hutchinson, London(1984).

46. R. Coward, Female Desire. *Women's Sexuality Today*, Palandin, London(1984), 13쪽.

47. Richard Dyer, 'Male Sexuality in the media', Andy Metcalf and Martin Humphries, *The Sexuality of Men*, Pluto Press, London(1985), 28쪽.

48. Carole Vance, 위의 책, 4쪽.

49. 다음 글에서의 요약적인 논의를 참조하라. Valerie Amos and Pratibha Parmar, 'Challenging imperial feminism', *Feminist Review* No. 17, 'Black feminist perspectives', July 1984 그리고 Floya Snthias and Nira Yuval-Davis, 'Contextualizing feminism-gender, ethnic and class divisions', *Feminist Review* No. 15, Winter 1983.

그래서 성은 '심리적 법칙', '강렬한 흥분에 의해 산출되는 힘',
'어떤 종류의 사회적 관례로도 떨쳐낼 수 없는' 충동으로,
그리고 폭발하며 주위 곳곳에 화산재를 뿜어대는 활화산...
명예, 체면, 건강 모두를 삼켜버리는 심연처럼
매우 생생하게 정의되었다.
인간이 동물세계의 일부분이라고 주장한 생물학의 다아윈적 혁명은
인간 내부의 동물성에 대한 탐구를 조장하였고,
역으로 다아윈적 생물학은 성 sex에서 바로 인간의 동물성을 찾아냈다.

3장. 성차의 의미들

질문: 당신의 첫 파트너는 남자였습니까? 여자였습니까?
답변: 나 같이 점잖은 사람이 그런 질문에 어떻게 답하겠읍니까?
소설가 고어 비달 Gore Vidal과의 인터뷰

생물학적 명령

　조금은 후안무치하다 싶을 질문에 고어 비달은 유별난 대답을 건넨다. 이 재치있는 대답에 우리는 웃음을 떠올릴테지만, 사실 그의 대답엔 사람을 어리둥절하게 하는 대목이 있다. 그도 그럴 것이 우리 문화에서 누구와 섹스를 하는가는 '문제가 되기' 때문이다. 남자다움 being male과 여자다움 being female의 사회적 존재조건인 성별 gender과 육체적인 쾌락과 욕망을 영유하는 문화적 방식인 성 sexuality, 이 둘은 불가분하게 연관되어 있다. 그 탓에 합당한 남성적 행동과 여성적 행동의 영역(즉 문화적으로 적절하다고 정의된 것)에서 일탈하는 것은 간혹 극한적 위반처럼 보이기도 한다. 성별을 고려하지 않고서 성에 대해 생각한다는 것은 여전히 어려운 일이다. 일반적으로 성의 전체적인 복합적 모습은 대부분 남녀간의 근본적 차이와 여성에 대한 남성의 지배라는 가정에 기반해 있다. 즉 마치 생물학적 여성과 생물학적 남성 사이의 성기적이고 생식적인 구분은 절대적일 뿐 아니라 성적 욕구와 욕망에 관한 설명에 그 이상 더 필요한 얘기가 없는 듯 간주된다. 이런 구분법은 우리의 '동물적 본성'에 근거한 가장 기본적 구분이기 때문이다. 동물생활을 관찰함으로써 자신이 가진 몇 가지 근본적 의구심을 풀려는 것이 우리네 인간이 가진 특성 중 하나이다. 모든 생물체 중 가장 혐오스럽고 공포스러운 쥐는 성연구, 특히 '남성', '여성' 호르몬의 영향에 관한 실험탐구에서 최고의 표본 a high profile이었다. 곤충과 하찮은 벌레들에서 바다참새나 seaside sparrow 벵골원숭이에 이르기까지, 모든 생물체에 성차가 존재한다는 조야하기 짝이 없는 가설을 옹호하기 위해 많은 연구자들이 나름의 증거와 변론을 모색해 왔다. 성차 획득의 과정에서 많은 부분이 —특히 동물 행동의 경우— 학습된 것이란 점은 명백하다. 하지만 이러한 접근법에도 해명되지 않는 부분이 남아있다.

불행하게도 앞의 생물학적 단순논리는 인간을 그저 복잡하고 변덕스러우며 변화무쌍한 생물체인 것으로 간주한다. 하지만 우리는 언어를 조작함으로써 세계와 성에 대한 우리의 지각을 끊임없이 재구성한다. 그럼으로써 우리는 외적 현상들의 가시적 논리에 대응할 수 있다. 우리는 남성성과 여성성 사이의 경계를 무뎌지게 한다. 우리는 성별(나이, 인종, 성적 욕구)의 차이를 초월하는 여러가지 차이를 만들어내고, '자연 in Nature'적 논리를 지니지 않은 다양한 경계를 구성한다. 우리는 도덕적, 정치적 혹은 우연적 요인들에 따라 행동을 변화시키기도 한다. 그러나 언제나 우리는 성이 가장 근원적이고 자연적인 것이라는, 남녀관계는 이를테면 어떤 응고물 속에 찍힌 지문처럼 생득적 '본성'의 명령에 의해 영원히 부과된 것이라는 환상에 빠지곤 한다. 우리 문화처럼 성차에 몰두해 있는 문화에서, 이러한 신념들은 결정적인 사회적 영향을 발휘한다. 다시 한번 말하자면, 성에 관한 우리의 사고방식때문에 우리가 성을 영유하는 방식이 형성된다. 따라서 남녀간의 차이의 기원과 형태를 따지는 것은 절대 만만한 작업이 아니다. 성차에 대한 논의는 우리 사회의 중심적 문제이다.

존 머니 John Money는 '양성간의 유사함보다는 차이들을 더욱 극대화하는 당연시된 문화적 관행 practice'을 지적한 바 있었다.*1 하지만 이렇게 된 연유를 '성과학 science of sex' 탓으로 돌릴 수 없다. 알고 보면 초기 성과학자들 역시 유구한 문화적 가설들로부터 자유롭지 못했기 때문이다. 그들은 자신들이 보고 믿은 것을 그저 다양한 방식으로 이론화하였을 뿐이다. 하지만 경험적 현실에 민감했던 초기 성과학자들 중 다수는, 차이만큼이나 중첩성 the overlap을 확언하기도 했다. 1930년대 하브록 엘리스는 성이란 '변화가능한 mutable' 것이어서 그 경계선은 불투명하며, '완벽한 complete 남성과 완벽한 여성 사이에는 여러 단계들'이 존재한다고 주장했다.[*2] 그렇지만 여전히 남성적, 여성적 본질은 무엇인가를 탐문하는 연구가 끊이지 않았고, 이런 연구작업은 성차를 강조한다는 미명하에 양성적 유사성을 줄곧 무시했다. 성과학은 남녀의 적합한 사회적 역할은 무엇인가를 둘러싼 논란(이러한 갈등은 19세기 후반에 절정을 이룬 후, 리듬과 강도를 달리하며 현재에도 지속되고 있다) 속에서 각 입장을 편드는 무기로 활용되었던 것이다.

성본능에 대한 정의는 본질적으로 남성적 행위와 환상으로부터 유추되었다. 성 관련 문헌에서 나타나는 몇 가지 은유를 들춰보면 이러한 사실이 명약관화하게 드러난다. 억누를 수 없는 overpowering 힘, 빨아들일 듯한 충동, 용솟음치는 물줄기, 주체할 수 없는 격정... 이러한 인상들이 성에 대한 서구적 담론을 지배해 왔다. 초기 성과학자들이 성을 과학적 토대 위에 올려놓고자 했을 때조차 이러한 인상이 인입되었다. 그래서 성은 '심리적 법칙', '강렬한 흥분에 의해 산출되는 힘', '어떤 종류의 사회적 관례로도 떨쳐낼 수 없는' 충동으로, 그리고 '폭발하며 주위 곳곳에 화산재를 뿜어대는 활화산... 명예, 체면, 건강 모두를 삼켜버리는 심연'처럼 매우 생생하게 정의되었다.[*3] 인간이 동물세계의 일부분이라고 주장한 생물학의 다아윈적 혁명은 인간 내부의 동물성에 대한 탐구를 조장하였고, 역으로 다아윈적 생물학은 성 sex에서 바로 인간의 동물성을 찾아냈다.

여성의 성은 생물학적 관점에서 볼 때 하나의 문제-수수께끼, 프로이트의 유명한 표현을 빌자면 '어두운 대륙'-일 수 밖에 없었다. 오랫동안 여성의 성은 탐욕스럽고, 게걸스러우며, 낭비적인 것이라는 전통이 고수되었다. 근대 여성해방운동이 여성의 성적 요구를 독려한 탓에 남자들은 진이 빠지고, 무기력해졌다는 요즈음 (뭇사내들의) 이야기 속에서, 이런 식의 주장은 재연되고 있다. 하지만 그런 주장이 정작 여성에 관해서보다는 남성들이 품고 있는 공포와 환상에 관해 더 많은 이야기를 전해주기는 해도, 그것이 구미에 맞고, 버리기 아까운 신화로 간주된다는 점을 잊어선 안된다. 19세기 이래 지속되어온 인습적 관점에 따르면, 여성의 성은 기본적으로 반작용적 reactive, 반응적인 responsive 것이며 일종의 '생식본능'을 통해서만 되살아나고, 애인인 남자의 재주에 의해서만 황홀경에 다다를 수 있는 것으로 간주되었다. 성이론가들에게 여성동성애는 특히 문제거리였는데 그 이유는 레즈비언의 성은 남성이 아무런 역할도 자동적인 여성적 성이었기 때문이다.

남녀의 성적 본성이 **근본적**으로 다르다는 관념은 매우 강력한 것이었다. 남녀간에 근본적으로 **유사한** 심리적 반응이 있다는 킨제이나 마스터즈와 존슨의 관찰작업의 최근 증거조차 성심리가 기본적으로 전혀 다르다는 예의 신념을 무너뜨리지 못하고 있다. 사람들 사이에 차이가 존재한다는 생각 그 자체는 위험한 것은 아니다. 하지만 성의 경우 유별나게도 특정한 성적 차이가 너무나 근본화되어 그 차이들이 분열, 심지어는 적대로 전화된다. 이런 생각에 따를 경우 기껏해야 남녀간에는 차이가 있지만 동등할 수는 있다는 정도의 주장에 이를 수 있을 뿐이다. 최악의 경우 남성적 성충동을 강한 본성이라고 가정하게 될 때에는, 여성에 대한 남성의 지배가 정당화될 수도 있다.*4

우리는 근래들어 그런 신념들이 근대 여성해방운동의 비판을 통해 충분히 기가 꺾였고, 또 상당히 설득력을 잃게 되었다고 생각할 수도 있다. 하지만 그런 신념들의 위세를 너무 얕잡아 본다면 그것은 큰 오산이다. 영국이나 북미지역에서 '신 우익'으로 알려진 집단에 영향력을 행사하는 몇몇 논자들의 관점을 들춰보라. 영국의 보수주의 철학자 로저 스크루튼 Roser Scruton은 어떤 의무도 회피하는 '남근의 고삐풀린 야망'라고 그가 지칭한 것과 '그 어떤 변덕도 진정시키기 위해' 여성의 역할에 부여된 본성을 대비시킨다. 전통적 가치의 열렬한 옹호자인 조지 길더 George Gilder는, '그렇지 못하면 파괴적이게 되고 말 남성의 공격성'을 아내와 자식들을 보호하기 위한 사회적 의무감으로 바꾸어 놓을 수 있는 것은 단지 결혼과 가족 뿐이라고 주장한다.*5 그런 탓에 (문화적으로 약호화된) 남성의 성폭력에 저항하는 여성해방운동가들마저 이러한 성분화와 전통적 도덕을 옹호하는 쪽으로 돌아서고 있다. 위의 두 논자들은 도덕적 의지와 사회적 정론 orthodoxy으로 제한하지 않으면 파멸을 몰고오고야 말 고질적 인간 본성이 존재한다고 확신한다.

이러한 보수주의적 성본능론은 사회생물학의 '신판 총론 a new synthesis'에서 정당성을 찾아내고 있고, 이를 통해 생물학 결정론이 다시금 조심스럽게 부활하고 있다. 이 신흥 사이비 과학이 강한 영향을 미치고 있다고 아우성쳐봤자 아무 소용도 없다. 어쨌든 그것은 우파는 물론 세인들에게 중요한 영향을 미쳤다. 자유주의 집단조차 사회제도의 변화에 얽힌 난문 intractability을 설명하는 데 사회생물학에 의존하였고, 성적 소수집단들의 경우도 사회생물학을 원용하면서 자신들이 사회생활에 기능적 존재임을 주장하고 자유의 확대를 요구하였다. 따라서 우리는 사회생물학에 내재한 위험 못지 않게 그것이 갖는 호소력에도 착목해야 한다. 사회생물학은 그 창시자 윌슨 E. O. Wilson에 의해 '모든 사회적 행동의 생물학적 기초에 관한 체계적 연구'로 정의되어 왔다.*6 사회생물학은 전통적인 생물학 이론들과 사회학 이론 사이를 잇는 핵심적 메카니즘을 설명함으로써 양자 사이에 벌어져 있는 간극을 메우고자 한다. 초기 윌슨 추종자 중의 한 사람의 말에 따른다면 이 메카니즘은 '이기적 유전자 gene selfishness의 근본법칙'이다.*7 유전자는 가장 기초적인 생화학 수준에서 어떤 특성발달에 영향을 미치는 DNA분자의 한 구성부분으로, 유전의 기본단위이다. 또한 유전자는 향후 생장에 영향을 미치는 코드를 운반한다. 우리는 이 정도 주장에 대해서는 기꺼이 동의한다. 그런데 사회생물학자들이 이러한 사고를 더욱 밀고나가 -애초 훨씬 유보적이었던 윌슨의 입장을 뛰어넘으면서- 모든 사회현상에 유전자가 존재한다 강변하고, 유전자의 무작위적 생존에 의해 (경제적 효능과 교육성취도에서부터 성별 분화와 성적 선호에 이르기까지) 일체 사회행위를 설명할 수 있다고 주장한다. 이러한 사고방식에서 (사회현상을 설명하는-역자) 근본단위는, 이제 더 이상 고전적인 자유주의처럼 '개인' 도 아니고 대안적인 전통처럼 '사회' 도 아니다. 개인은 이제 단순히 유전자 전이를 위한 전달매체 그 이상도 이하도 아니다. 개인은 전체 유전자를 위해서라면 무슨 짓이도 하도록 입력된 한낱 '이기적 기계' 에 불과하다.*8 만약 이것이 사실이라면 개인과 사회 간의 갈등은 쉽게 해소될 수 있다. 초시간적 timeless 유전자 에너지와 복잡한 사회현상 간에 연속성이 존재하고 '사회와 개인은 조화롭게 작동한다' . 그렇다면 결혼, 양육, 사회적 결속처럼 사회적 제도의 외양을 띠는 것은 어떻게 설명될까? 사회생물학의 핵심용어를 따르자면 앞의 제도는 모두 '적응적인 adaptive' 것으로, 역사나 사회발전의 산물이 아닌 '진화적 필연성 evolutionary necessity' 의 산물이다. 그렇다면 이념, 이상, 가치 그리고 믿음 따위는 무엇인가? 윌슨에 따르자면, 이는 그저 '생존 메카니즘을 가능케 하는' 것들이다.*9

하지만 역설적이게도 이러한 공리때문에, **양 two** 성이 존재한다는 점이 사회생물학에 문제로 된다. 윌슨이 주장하듯, 성은 인간들 사이에 여러가지 곤란을 초래하기 때문에, 진화과정에 있어 반사회적 힘이다. 남성/여성의 관계는 상호불신과 착취의 관계다. 유전자 생존에 필수적인 이타주의는 누구나 엇비슷한 처지에 있을 때 실현가능성이 높다. 그럼 왜 인간의 생식은 일부 하등생물처럼 단성생식을 통해 수행되지 않을까? 게다가 왜 셋이나 넷 또는 다섯 가지의 성이 아니라 양대 성만이 존재하는 것일까? 체르퍼스 Cherfas와 그리빈 Gribbin이 실토하듯, 이에 대해서는 "정말로 솔직히 말해 아무도 알 수 없다."*10 그들은 왜 성이 존재하는지는 수수께끼라고 결론짓는다. 사회생물학자들은 이런저런 궁리 끝에 결국 이렇게 결론을 내린다. 양성생식 sexed reproduction이 이루어지는 가장 그럴직한 이유는, 양성생식이 다양성을 촉진하고, 그로부터 만들어지는 방어적 유전형질의 배합 역량때문에 예측불가능한 환경을 이겨낼 수 있기 때문이란 것이다. 다시 말해 양성이 유전자 재배합의 최대수를 보장하는 데 안성마춤이라는 것이다. 또한 양성은 질병에 대한 면역성을 충분하게 갖도록 화학적 구성물들을 혼합함으로써 건강을 유지하도록 한다. 고로 남자가 할 일은 '여자들이 질병을 물리칠 수 있는 수단을 제공하는 것' 이다.*11 요컨대 남성들은

'여분의' 존재가 아니라 인류라는 종족의 미래를 위해 여전히 필수적인 존재인 것이다.

아무리 곰곰히 생각해 보아도 (때로 형이상학적으로 숙고해 보아도), 예의 주장에서 도출되는 결론은 하나이다. "성 sexuality이라는 면에서, 남성적 본성과 여성적 본성이 존재하며 이들 본성은 전혀 다르다..."*12 이러한 차이는 난자와 고환의 진화적인 특성들에서 시작해 거기에서 끝난다. 여성은 매우 제한된 수로 공급되는 난자(일생에 약 400개 정도)를 가지고 있는 반면에 남성은 거의 무한한 수의 정자(한번 사정할 때마다 수백만개)를 가지고 있다는 점으로부터 다음의 결론이 도출된다. 남성은 다양성과 생식의 성공을 보장하기 위하여 많은 씨앗을 퍼뜨리는 진화적 동력을 가지고 있기 때문에 난교에 빠지기 쉬운 반면, 여성은 힘의 비축, 보존적 본능 그로부터 생겨나는 일부일처제적 지향이란 면에서 이해관계가 공통적이라는 것이다. 남녀의 근본적 차이인 듯한 것이면 무엇이든 이로부터 연역된다. 몇 가지 예를 들어보면 이렇다. 여성들보다 남성들 사이에서 훨씬 경쟁이 치열하고, 여성들이 '훨씬 온순하고' 고분고분한 반면 남자들은 일부다처제를 선호하고 질투심이 많다. 여성보다 남성에게 성적인 열망과 도발의 가능성이 높다. 운운.

> 누구에게나 성교는 여성이 남성에게 베푸는 봉사나 호의로 이해되며, 그게 어떤 종류의 섹스인지 불문하고, 성행위는 보다 큰 쾌락을 욕망하고 또 그 쾌락에 욕망되는 것이다.*13

사회생물학에는 사람을 잡아끄는 어떤 매력이 있다. 특히 1970년대 무렵 사회생물학은 사회과학이 직면했던 이론적 궁지를 일소하는 듯이 여겨졌다. 또한 그것은 성적 분할의 자연성 naturalness라는 통념을 확증해주는 듯했다(바로 이 점이 사회생물학의 일급 미덕이다). 사회생물학은 잡다한 대중적 편견과 충돌하지 않고 도리어 이를 싸고 돈다. 그러나 사회생물학이 일부 현상을 설명할 수는 있겠지만(이를테면 우선 사랑이란 그저 상이한 조직합성 항원 군집 set of histocompatibility antigenes에 대한 강한

근대의 과학들은 이성애주의적 성별주의를 생산했다. 이제 남성/여성의 경계에서 벗어날 수 없다! 그저 다른 한 여성일 수 있건만 우리는 위의 사진에서 분열증이 발병한 남성적 여성을 읽는다.

신체적 반응일 뿐이고, 동성애는 사촌 혈족 the offspring of siblings에 대한 이타적인 관심을 조장하기 위해 필요할 수도 있다 등등), 여타 현상은 그다지 딱 부러지게 설명하지 못한다(왜 문화적인 변종들이 존재하는가? 왜 역사는 빈번히 급격한 사회변동을 겪게 되는가 등등). 더우기 사회생물학은 극히 보수적인 함의를 가지고 있다. 그 이유는 사회적, 성적 행동에 대한 설명을 유전자의 우연적 충돌에서 찾는다면, 우리가 상황변화를 위해 할 수 있는 일이란 아무 것도 없기 때문이다. 물론 여기저기 손을 보아 사회생물학적 접근방법을 써먹을 수도 있을 것이다. 하지만 그런 접근방법 전체가 무용한 경우, 아무리 애를 써도 그것은 소용없다. 그런데도 아이젱크 H. J. Eysenck와 글렌 윌슨은 굽힘없이 확언한다. "우리가 남자나 여자를 볼 때 깨닫게 되는 전혀 다른 성적 태도에는, 어떤 강한 저변의 생물학적 원천이" 있다.*14 고로 여성해방운동가들의 주장–심지어는 자유주의적 개혁가들의 주장–은 공상적이다. 초기 여성해방운동이 분출될 즈음 일부 생물학적 결정론자들이 비아냥거렸던 것처럼, "역사 이전의 원생동물들 속에서 결정된 것을, 의회 법령 따위로 무효화시킬 수 없는 법이다." 물론 지당한 이야기이다.

생물학적 주장은 일부, 아니 어쩌면 전부 옳을 수 있다. 그러나 문제는 생물학적 증거나 자연사적 증거들이란 게 암시적인 것들이고, 그것을 입증할만한 확증을 찾아내기가 난망하다는 점이다. 사회생물학적 가설들을 결정적으로 논박하기란 불가능할지도 모른다. 또 앞으로 과학이 무엇을 발견할지도 모르는 일이다. 하지만 그래도 그 가설을 입증하기란 여전히 어려운 일일 것이다. 실제 상황은 '성전통'의 사도들(우리가 지금 사회생물학자들이라 간주하는 이들도)이 생각하는 것보다 훨씬 복잡하다. 생물학적 결정론의 극렬 옹호자들의 일반적 논법에는 세 가지 특징적 양상이 나타난다. 유추적 논법, 거의 지적 독단에 가까운 '평균론적 주장 average statement'에의 준거 그리고 마지막으로 (더 좋은 표현이 있어야 하겠지만 일단) 내가 '블랙홀' 가설이라고 부르는 것, 이 세 가지가 그것이다.

(1) 유추 논법 argument by analogy

유추논법은 야생상태의 동물들을 관찰함으로써 우리 문명의 암호체계 code를 풀이할 수 있다고 가정한다. 양차 대전 동안 자연서식지 동물에 대한 관찰을 강조하기 시작하면서 새로운 사회생물학적 지류가 생겨났다. E.

O. 윌슨은 첫 연구 작업의 대부분을 곤충과 조류 연구에 바쳤다. 하지만 이러한 작업에는 아무리 중립적 관찰을 수행하려 애써도 인간적 편견이 은연중 스며들게 된다. 이에 대해 로즈는 자신이 편집한 어느 글에서 다음과 같이 지적한 바 있다.

> 인간 질서의 소여성 a given feature은 필연적이라는 주장을 고수하기 위해, 생물학적 결정론자들은 줄기차게 자기네 주장의 보편성을 암시한다. 만일 남성지배가 인간들 내에 존재한다면 이는 또한 비비에게도, 사자에게도, 오리에게도, 다른 어떤 동물에게도 남성지배가 존재하기 때문이다. 동물행동학에 관한 저술들은 비비의 '암컷 떼 거느리기 harem-keeping', 숫사자의 '자기' 무리에 대한 지배, 청둥오리에게서 보이는 '윤간', 벌새들에게 나타나는 '매춘' 따위의 설명으로 그득하다.*15

이런 논리전개가 고도로 왜곡된 사회적 설명을 동물행태에 그대로 전가하는 짓임은 두말할 나위 없다. 왜 암짐승들의 무리가 하렘 harem(하렘은 수컷 한 마리를 따르는 암짐승떼를 의미한다-역자)으로 보이는 걸까? 여러 반증에서 입증듯, 암컷 무리는 여성의식화 모임 women's consciousness rasing group(초기 여성해방운동에 의해 시작된 의식적, 조직적 활동의 방식으로, 억압된 여성의 경험을 함께 얘기하고 들음으로써 성적 억압과 차별을 깨달아가는 민주적 토론구조를 일컫는다-역자)의 모범으로 이해할 수도 있는 일이다. 혹시 이런 얘기를 웃기는 소리라고 일축할 이도 있을 것이다. 하지만 앞에서 보듯, 사회생물학적 주장은 인간 경험에서 끌어낸 설명을 동물들의 속성에 갖다붙이고 다시 이를 현재의 사회적 분할을 정당화하는 데 활용하는 순환논법이다.

(2) 평균치의 횡포 the tyranny og average
이는 아마 다른 어느 주장보다 해로운 주장일 것이다. **평균적으로** 남자들은 여자들보다 성적으로 적극적일 것이다. 남성동성애자들은 **아마** 여성동성애자들보다 상대를 가리지 않고 성행위를 할 것이다. 사회생물학자들이 얘기하듯, 이 '아마 may' 란 말은 유전자와 관련된 그 무엇이다. 하지만 그 무엇은 유전자 못지않게 문화와 관련된 그 무엇일 수도 있다. 예컨대 성적 표현과 파트너 선택의 기회에서 나타나는 차이처럼. 좀더 극단적으로 말하면, 평균적으로 남성들이 여성들보다 많은 성행위를 한다고 말하는 것은 일부 여성들이 다른 남성들보다 성적으로 더 적극적이라 말하는 것과 다를 바 없다. 따라서 평균론적 주장은 늘 옳을 수밖에 없는 논리형태를 가지고 있고, 그런 점에서 별 쓸모가 없다. 하지만 평균론적 주장은 엄청난 사회적 비중을 차지한다. 적어도 부분적으로 우리들이 모호함보다는 산뜻한 구분을 선호하기 때문이다. 하지만 '평균' 이라는 관념이 예시하듯, 자연 자체는 매우 모호한 것이다. 하물며 우리 인간이 왜 그렇지 않겠는가?

(3) '블랙 홀' 가설

이것은 성차를 설명할 마땅한 대안을 찾지 못한 이들이 최종적으로 의지하는 곳이다. 만일 여타의 모든 설명으로 인간 현상을 설명할 수 없다면, 이제 남은 것은 생물학적 설명일 뿐이다. 만약 여성보다 남성이 고위직을 많이 차지하고 있다면 생물학은 이를 확실히 설명한다. 만약 사회가 여성해방운동을 불편해 한다면 이는 여성해방운동이 인간 본성과 대립하기 때문임에 분명하다. 만일 동성애가 사회학으로도 정신분석학으로도 설명 불가능하다면 생물학(호르몬, 본능, 유전자 등...)이 이를 설명해주어야 한다. 동성애에 대한 킨제이 연구소의 최종 보고서 「성적 선호들 Sexual Preferences」[16]의 결론으로부터 우리는 이런 주장의 고전적인 예를 찾아볼 수 있다. 이 보고서의 저자들은 동성애에 대한 단일 원인을 밝혀줄 증거는 없다는 점을 조심스레 밝히고, 사회학적으로도 심리학적으로도 동성애에 대한 명백한 증거는 없다고 결론내렸다. 그런데 이들은 동성애가 단일한 기원을 갖는 통일적 조건이 아니라는 예의 가설(킨제이 스스로 인정했던)을 검증하는 대신, 이에 대해 생물학적 설명이 가능하다고 엉뚱하게 결론을 내렸다. 그 보고서의 맥락을 살피면 이런 결론이 공허한 추론에 불과한 것임을 쉽게 짐작할 수 있다. 이런 식의 '해결' 은 분명한 증거가 있어서라기보다 생물학의 지속적인 특권에서 비롯된다. 생물학은 사회적 설명들

섹슈얼리티: 성의 정치

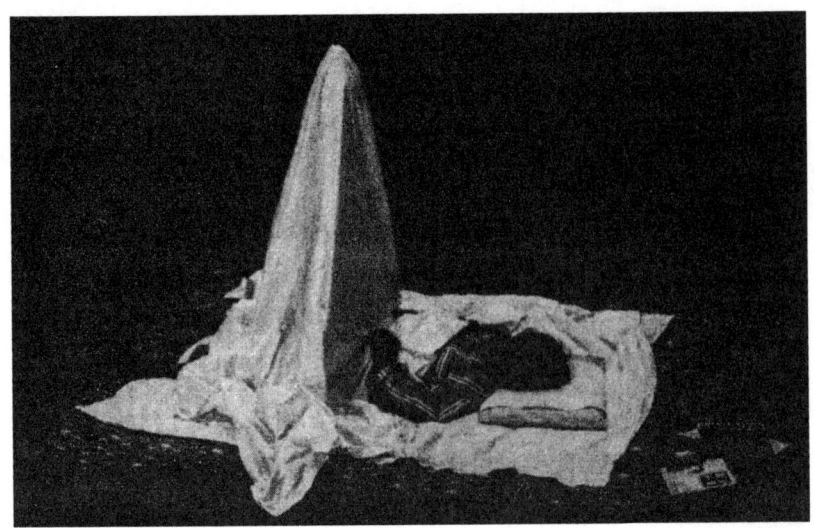

오디푸스 콤플렉스와 거세 콤플렉스 그리고 가족의 드라마, 이 무대 위에서 프로이트는 인간의 성을 모두 각색했다.

이 메우려 하지 않았고 또 메울 수도 없었던 그런 빈틈을 차지하고 있다.

나는 생물학의 의의를 폄하할 생각이 추호도 없다. 생물학적 소질이 인간 행위의 잠재성(이러한 잠재성으로부터 여러 인간사가 주형되고 사회행위의 한계가 설정된다)을 제공함은 분명하다. 성교, 생식, 양육 그리고 죽음 따위는 그 기원상 생물학적인 것임에 분명하며, 이러한 것들은 인간 생존의 여러 특질을 제공한다. 이보다는 조금 주변적인 생물학적 요인들 역시 사회적 효과를 갖는다. 유전적 차이들(남녀간의 차이들 못지않게 남성 내부, 여성 내부의 차이들)은 신체적 외모, 크기, 근육의 강도, 수명, 눈과 머리카락의 색깔 등에 영향을 미친다. 호르몬 분비의 차이는 성적 성숙, 체모의 분포, 지방층과 근육의 발달에 영향을 미친다. 하지만 위의 현상은 각각의 성별들에 적절, 부적절한 신체적 외모나 행동을 귀속시키는 복잡한 문화적 약호내에서 다듬어질 때, 그 빛을 발하게 된다. 결국 실제적 의의를 갖는 것은 우리가 생물학적 차이들에 부과하는 사회적 의미들이다. 존 니콜슨 John Nicholson이 말했듯, "양성간의 생물학적 차이들은 유사점들과 대조해 볼 때 실제로 매우 희소하다."*17 더우기 각 개인을 이루는 10만여 개의 유전자 중에 유전자 단 한계가 남녀를 구분한다면, 전통적으로 차이를 경계짓기 위해 사용하던, 유전자라는 지표는 재고될 필요가 있다.

해부학적 차이는 다른 무엇보다 근본적인 것으로 간주된다. 출생시 직접적으로 성별을 부과하는 것은 남성적 혹은 여성적 성기관의 유무이다. 그러나 페니스나 질이 있다는 것만으로 보편적인 성별 구분을 단정할 수는 없다. 새들의 경우 수컷은 페니스가 없다. 그 밖의 동물들 경우에도 상어나 물개의 교미기관 clasper처럼 '삽입기관'만을 가지고 있다.*18 우리 인간들에게도 이같이 실재 기관들의 의미가 투명한 것은 아니다. 질은 수동적이거나 게걸스러운 것으로 파악될 수 있다. 음핵은 단지 '퇴화한 남근', 여성의 다오르가즘적 multi-orgasmic 잠재력의 장소로 사고되어 왔다. 페니스는 우리 문화에서 더욱 과도한 상징적 가치를 갖는다. 페니스의 '밀어넣으려는', '강력한', '침투하려는' 성격은 능동적 남성성의 모델로 간주되어 왔다. 그러나 리처드 다이어 Richard Dyer가 예시하듯, 이러한 상징체계와 페니스에 대한 직접적 체험 사이에는 뚜렷한 불일치가 존재한다.

> 남성 성기는 다치기 쉽고, 몰랑몰랑하고, 섬세한 물건이다... 페니스는 (그게 아무리 대물 大物이라도) 별반 오래 맥을 못쓰는 자그마한 물건이며, 다루는 법만 배우면 그 자체 요술스럽지도 신비하지도 강력하지도 않은 즉 전혀 객관적인 실재적 힘도 없는 예쁘장한 물건일 뿐이다.*19

우리가 남성과 여성의 성기관에 부여하는 의미는 사회적으로나 심리적으로나 중요한 것이다. 만일 우리가 정신분석학의 통찰을 따를 경우, 남성 성기의 유무(즉, 거세위협 또는 거세환상)는 외디푸스 위기의 극복에 있어서나 심리적인 남성성/여성성의 획득 여부, 성차의 조직화에 있어서나 관건적이다. 하지만 프로이트에 따르면 우리가 성기관에 부과하는 결정적 의미들은 문화적으로 요구된 것이지 단 하나 생물학으로부터 직접적으로 제기되는 것은 아니다.

한편 성차의 의미는 다른 두 가지 면과도 연관되어 있다. 그것은 남성과 여성의 염색체 구성과 호르몬 유형이다. 먼저 염색체 차이의 경우, 이는 널리 알려진 사실이다. 염색체 구분은 국제 운동경기에서 성을 감별하기 위해 만들어진 것으로, 이런 류의 시합에서 선수들(특히 여자육상경기 선수들)은 반드시 성염색체 검사를 거쳐야 한다.*20 인간은 매 세포염색체마다 46개의 염색체를 가지고 있는데, 이 염색체는 22개의 염색체 쌍과 2개의 성염색체로 이뤄져 있다. 여성의 경우 성염색체가 같지만(XX), 남성 성염색체는 불완전 구조체로 미량의 유전물질(Y염색체; 따라서 남성은 일반적으로 XY쌍을 갖는다)을 전달한다. 그런데 곤혹스러운 것은 이들 성염색체가 성적 구분에 절대적 지표는 아니라는 것이다. 이따금 염색체는 세포분할과정에서 통상적인 방식으로 분할되지 않을 수 있고, 그 결과 XXX, X, XXY, XYY의 유형을 발생시킨다. 그렇다면 이때 이들은 남자인가, 여자인가? 또 때로는 염색체를 통해 밝혀진 것과 외모로 드러나는 것이 달리 나타나는 개체들도 있다. 예를 들면 XY염색체를 가지고 있으며 남성호르몬을 분비한다는 점에서 남성이지만 선천적인 남성호르몬 무감각으로 인해 남성적 외모를 지니지 못한다는 점에서, 성별이 무엇인지 밝히기 어려운 경우도 있다. 심지어 자연마저 이런 명백한 실수를 범한다. 아처 Archer와 로이드 Lloyd는 이러한 비정상성들은 "발전과정의 복잡성과 불안정성, 따라서 성적 구분의 복잡성과 불안정성을 나타낸다"고 결론짓는다.*21

두번째로 분비선에 의해 분비되는 화학적 전달체인 호르몬을 지나치게 중시했다는 점을 들 수 있다. 고환에서 생성되는 주요 호르몬은 테스토스테론(일종의 남성호르몬-역자)이다. 동류의 호르몬처럼 이 역시 안드로겐 즉 '남성호르몬'이라 불리운다. 난소에서 만들어지는 주요 호르몬에는 에스트로겐과 프로게스테론 progesterone('여성호르몬')이 있다. 이 호르몬들이 생장에 중요하다는 사실은 의심의 여지가 없다. 테스토스테론은 굵은 목소리나 체모의 출현 등 사춘기의 몇몇 중요한 변화를 유발한다. 소녀들은 에스트로겐 수준이 증가함으로써 가슴의 발육과 지방질의 재분배가 이루어지고 월경주기가 시작된다. 그렇지만 위의 호르몬들이 배타적으로 남성이나 여성에게만 귀속된 호르몬들인 것은 아니다. 난소와 고환은 각각 세 가지 호르몬을 모두 만들어내며 부신 adrenal glands은 양성 모두에서 안드로겐을 분비한다. 단지 그 비율만이 다를 뿐이다. 다시 말해 절대적인 구분선이라는 것은 존재하지 않는다. 이에 대해 오래 전 킨제이는 다음과 같이 말한 바 있다.

> 호르몬이 성선에서 생성된다는 것이 더 이상 반박의 여지없는 사실이라면, 호르몬이 성반응이 의존하는 신경체계의 능력을 통제하는 가장 중요한 동인이라고 믿을 이유는 없다.*22

호르몬은 그저 염색체에 불과하지만 사회적, 심리적 성차를 형성하는 데 결정적으로 중요하다.

성과 사회적 관계

생물학적 결정론은 성이란 고정된 것이고 아무리 이를 변경하려 해도 결국은 원상복원되고 만다고 강변한다. 반면 사회적, 역사적 설명은 '인간 본성'은 변화가능성이란 면에서 극히 유동적이고 유연하다고 가정한다. 문화적으로 상이한 역사적 시대를 살펴보면 알 수 있듯, '남자'가 된다거나 '여자'가 되는 다양한 방식이 있고, 사회적인 삶을 살아가는 방식도 다양히 선택가능하다. 어떤 제도적 지원도 없었지만 여성해방운동은 투지를 잃지 않았고, 많은 경우 성적 관계를 변화시킬 대안들을 제기했다. 과거의 급속한 사회변동의 추진력을 상기해보라. 결국 다른 문화에 대한 인식이 확대되면서 우리는 대안적인 상호작용의 형태에 점차 더 많은 관심을 기울이게 될 것이다. 이미 우리는 문화적 차이와 변화에 대한 성찰을 통해 우리의 '본질'이란 것이 역사적 우연성에 불과한 것임을 되돌아보게 되었고, '남자'나 '여자'로써 우리 자신의 지위를 고정적으로 받아들이던 사고에 의문을 던지기 시작했다. 성은 사회, 문화적 조형과정에 크게 종속되어 있다.

플루머가 웅변했듯, "성은 사회적 상황이 그것에 부여하였던 것 이상의 의미를 지니지 않는다". 그리고 이를 시사하는 증거를 숱하게 열거할 수 있다.*23 하지만 물론 이런다고 난해한 문제들이 일거에 해소되는 것은 아니다. 이는 그저 여러가지 난해한 문제들을 다른 방향으로 전가하는 것에 불과하다. 왜냐하면 만일 성과 성차가 형태상 사회적인 것이라면 사회적 설명의 한계는 어디까지이고, 또 문화적 조형과정의 경계는 어디인지가 밝혀져야 하기 때문이다. 성은 순전히 사회적 명명에 달린 문제인가? 남성과 여성 사이의 역할은 전혀 맞바꿀 수 없는 것일까? 우리의 성적 본능은 마가렛 미드의 말처럼 '믿기 어려울 정도로 가변적인' 즉 무한히 변화가능한 것일까? 우리는 이런 질문들을 피할 수 없으며 또 이에 대한 적절한 확답을 마련하고 있지 못함 역시 솔직히 실토해야 할 것이다. 성적 본능이란 존재하지 않는다는 것, 그것들은 영구적으로 고정되고 생물학적으로 결정된, 고로 불변적인 것은 아니라는 것, 우리가 아는 것이라고는 이 정도 뿐이다. 사회적, 역사적 설명방식에 따른다 하더라도 여전히 우리는 성본능을 확신있게 정의할 수 없다. 따라서 부적절한 생물학적 본질주의에 역시 부적절한 사회학적 본질주의(이 속에서 성의 유연성은 항상 사회적 명령의 규정에만 따르게 된다)를 대치시키는 것은 위험한 일이다. 양차 대전 기간 동안 사회인류학자들의 중요 관심대상은 인간 본질이 아니라 '문화적 상황'이었다. 이는 당연시되던 기왕의 숱한 사회학적 '진리'를 재고하도록 함으로써 상당한 수확을 거뒀다. 하지만 그럼에도 그 즈음의 문화적 상대주의내에는 상당한 현실적 문제점들이 산재해 있었다. 각 개별 문화는 다른 문화와는 전혀 다른 어떤 내적 필연성과 분리 불가능성을 가진 세트 set로 인식되었다. 역사, 발전, 변화 따위의 문제는 핵심적인 논점이 되지 못했다. 게다가 각 사회는 하나의 총체(그 속에서 모든 사회적 지위는 그 사회적 역할에 대한 필연적 반응으로 간주된다)로 그 사회의 주민들을 감싸안는 듯이 이해되었다. 이런 논의방식은 성역할의 기능성을 주장하는 후대의 논자들에게 그대로 답습되었다. 웨인슈타인 Weinstein과 플래트 Platt가 말하듯, 개인들은 사회와 사회형성의 주요 전송수단인 가족에 의해 요구되는 행동유형을, 그리고 그 필연적 보완물인 '여러 사회적 역할' *24을 받아들이고 재생산한다. 개인들이 이로부터 벗어날 수 있는 여지는 거의 없다. 단지 사회만이 일차적인 원동력일 뿐, 개인은 그저 사회가 적절히 기능하기 위해 필요시되는 일련의 기능이 기재되는 텅빈 공간 즉 **백지상태 tabula rasa**로 가정되어야 한다. 사회는 그 사회의 요구를 충족시키기 위해 출산, 양육, 고용, 가사활동, 섹스 등의 영역에서 성적 노동분업을 조직한다. 그리고 이와중에서 일탈적이고 낙인찍힌 특정한 사회적 역할-이는 그 사회에 적응할 수 없는 이들에게 얼마간 숨통을 틔워주는 동시에 사회가 그어놓은 금 밖으로 나가려는 나머지 사람들에게는 공포효과적인 경고를 발한다-도 창안되는 바, 이를테면 동성애자같은 것이 그 예이다.

앞과 같은 주장은 분명히 호소력이 있다. 그 주장은 우리를 둘러싸고 있는 명료한 분할과 차이들을 근사하게 설명해준다. 그러나 '사회'를 마치 의식적인 주체인 듯 가정하고, 사회의 모든 부분이 톱니바퀴처럼 절묘하게 맞물려 돌아간다고 사고하는 이론에는 하나의 공통적인 문제가 자리잡고 있다. 그 사회에서 사람들이 행할 수 있는 몫은 무엇인가? 도대체 그들의 주관적 의지가 개입할 만한 곳은 어디에 있는 것일까? 게다가 이런 식으로 사회적 형성과정을 강조하다보면 하나의 역설적 결과가 나타난다. 즉 일차적 원동력으로 사회적인 것을 지나치게 강조하는 과정에서 '자연'적 특성은 전혀 의문시하지 않게 된다. 특히 제 아무리 대단한 사회결정론적 설명이라해도 해부학적 차이에 따른 성적 노동분업의 필연성이라는 문제에 관한 한 눈꼽만큼의 회의도 없이 이를 당연시해버린다.

이는 다른 어느 누구보다 적극적으로 인간 본성의 유동성을 강조하였던 마가렛 미드의 저작에서 명백하게 드러난다. 「세 부족사회에서의 성과 기질」에서 그녀는 뉴기니아에 광범한 성적 변형이 존재함을 보았다.[*25] 아라페쉬족 the Arapesh은 남녀 어느 쪽도 섹스는 정복적 힘이라 생각하지 않았다. 도리어 이 부족에서는 양성 모두 '모성적'이라고 할 만한 특성이 나타나고 있었다. 다른 한편, 문두구모족 the Mundugumor은 남녀 모두 능동적인 성욕을 가졌고, 또 공격적이었다. 세번째 부족인 참부리족 Tchambuli족은 지배적 여성과 정서적으로 의존적 남성이라는 형태로, 우리 문화의 성적 태도와는 상반된 형태가 자리잡고 있었다. 미드는 후기 저작에서 그 증거들을 요약하면서 다음과 같이 주장하였다. 지금까지 알려진 "어느 사회나 인류는 생물학적 노동 분업을 변형시켜, 애초 그것의 본원적 단서를 제공했던 본래적인 생물학적 차이와 거의 무관한 형태로 만들어버렸다. 하나의 특질이 어떤 때엔 이 성에 부여되었다가 다른 때엔 다른 성에 부여되곤 했다."[*26] 하지만 전혀 다른 사회적 형태를 창출할 가능성이 긍정되면서도 동시에 애초의 그 '본원적인 단서들'은 결정적 의의를 갖는 것으로 가정된다. 왜냐면 그녀의 주장대로라면, 인간 사회가 생존하기 위해서는 양성적 차이가 인정되는 사회적 생활형태가 필히 존재해야 하기 때문이다.[27] 그렇다면 대관절 이 차이들이란 무엇인가? 출산능력면에서 남녀는 분명히 다르고, 재생산기술이 아무리 발전해도 이 사실은 근본적으로 변화될 수 없다. 각 문화들은 성차에 근거하여 육아, 양육, 노동, 가사조직의 역할분리를 정교화시켰다. 그러나 미드 자신의 글에서 보이듯, 이러한 역할형태는 엄청나게 다양하다. 우리가 '모성적'이나 '부성적'이라 서술하는 특질들은 남성과 여성에게 교환가능한 것이다. 만일 사회적 역할이 유동적이라면, 즉 출산과 성별 그리고 성적인 특질들 간의 연관관계가 필연적인 것이 아니라면, 그래서 우리가 그것을 반드시 선험적으로 가정하지 않는다면 어째서 양성구분이 그렇게 중대하고 필수적이어야 하는지가 불분명하다. 결국 미드가 해부학의 최우선적 의미를 당연시했다는 결론을 피하기 어려울 것 같다. 미드에게서도 해부학적 차이는 사회적으로 요구되는 역할을 보증한다. 물론 그럴지도 모른다. 하지만 그 이유에 관해 우리가 들을 수 있는 이야기는 전혀 없다. 왜 그토록 많은 문화들이 사회적 숙명의 근본적 토대로 해부학을 선택해 왔는지를 우리는 알아야 한다.

우리는 앞의 설명이 취하는 단순성을 뛰어넘어야 한다. 특히 나는 다음의 점들을 주장하고 싶다. '사회'란 예의 이론들이 주장하듯 그렇게 통일적이고 전체적으로 영향을 미치지 않으며 또 단순명쾌한 차이의 경계를 가지고 있지도 않다. 흔히 사회이론 속에서 '사회'라는 말을 쓸 때 그 의미하는 바가 무엇인지를 찬찬히 들여다 보면, 실제 어느 이론이든 우리가 일상생활 속에서 타협을 맺어야 하는 '다수의 현실' 즉 사회적 복합성이 존재함을 인정한다. '사회'란 일단의 통일적 결정요인에 의해 지배되는 전체가 아니다. 그것은 여러가지 제도, 신념, 습관, 이데올로기, 사회적 실천의 복잡한 그물망이다. 즉 그것은 어떤 선험적 통일체도 아니며, 이미 주어진 것이 아닌 설명되어야 할 어떤 대상이다. 우리가 이러한 '사회적인 것'에 대한 관점을 성행위에 옮겨본다면, '사회'가 직접적으로 '성'을 주조하기는 커녕 오히려 성적인 것이 복잡한 사회적 관계에 의해 구성됨을 알 수 있을 것이다. 그리고 그 입장은 무엇이 성을 구성하는가, 무엇이 적절한 행위이 냐에 따라 상이한 관점을 취할 것이다. 미셸 푸코가 주장했듯, 근대적 성장치는 이질적이다. 그리고 그 장치에는 다양한 담론, 제도, 건축배치, 규제, 법률, 행정조치, 과학적 진술, 철학적 주장, 도덕성, 구제기관 등이 포함된다.*28 그리고 이 모두가 우리가 성이라 정의하는 것을 구성한다. 그러나 그 모두가 동등한 효과를 지닌다고 주장하는 것은 아니다. 그것들 모두가 동일한 의미를 가지지도 않고 또 그럴 수도 없다.

성의 세계에는 무엇이 성적인지 둘러싸고 상이한, 심지어는 모순되기까지 한 설명들이 존재한다. 그리고 이러한 설명들은 일련의 수없이 다른 언어를 통해 파악되고, 사회적 행위의 내밀한 연결망에 정초된, 조직화된 의미('담론')이다. 예를 들면 성적행동에 대한 전통적인 기독교적 사고는, 인간 본질에 대한 특정한 가정-인간의 본성은 악하며 부패되어 있다는 등, 양성구분은 사전에 운명지어 있다는 등, 성행위는 출산이나 사랑에 의해서만 정당화될 수 있다는 등 하는-에 의존하고 있다. 이러한 신념은 일단의 언명-성서해석, 주석, 교회법, 설교-을 통해 규정되었으며, 죄인과 구원받은 자를, 부도덕과 도덕을 구분하는 공리적, 도덕적 언어로 일반화되었다. 그리고 이러한 의미들은 앞에서 열거했던 일련의 믿음과 행동을 강화시키는 여러가지 제도(교회, 부모관계의 특권적 지위, 신 앞에서 고백 또는 증언의 관행, 사목학교, 신성한 세례와 결혼, 나아가 다수 국가의 법률체계)를 통해 체현된다. 이러한 담론과 실천 총체는 '주체의 위치 subject positions'를 형성하고 이 속에서 도덕적 엘리트들은 자신을 진정으로 선택된 자로, 죄인들은 전혀 구원의 희망이 없는 자로 각기 인지하게 된다. 개인들은 기존의 의미 상황(이는 확고부동하게 의식적, 무의식적으로 동화되어버린 제반 규칙을 통해 개인들의 행동을 조절하고 통제한다)과 관련을 맺으며 형성되고 또 자신을 형성한다.

몇몇 상호작용론자들이 우리가 성적 의미를 수용하는 방식을 설명할 때 사용하는 '각본script'이란 관념은, 비록 애매하기는 해도 강한 은유적 의미를 제공해준다. 가농 John Gagnon이 주장하듯, "마치 청사진처럼, 각본은 누가, 무엇을, 언제, 어디서, 왜 일정한 유형의 행동을 했는지 규명해준다... 각본은 청사진이나 도로지도, 요리법과 같다."*29 우리가 이 안내지침을 전적으로 신뢰하고 따르는 것은 아닐 것이고, 우리 모두가 똑같이 '부도덕' 하다면 일탈이나 위반이란 것도 있을 수 없을 것이다. 하지만 특정한 사회적 관행 속에서 규정된 그 각본을 통해 각 개인들은 선택가능한 변수의 폭을 한정하게 된다. 이말고도 각본이라는 은유에는 또 하나의 가치가 있다. 각본이란 말은 성의 의미가 시대에 따라 무척 다양할 수 있다고 주장한다. 기독교 시대의 서구에서 사는 우리들은 대립되고 때로는 모순적인 일련의 정의에 종속되어 왔다. 19세기 이래 의학은 성을 규제하는 주요한 힘이던 종교를 대신하고자 애썼다. 의학의 언어는 도덕에 대해서 말하지 않고 그 대신 '자연적인 것' 과 '비자연적인 것', 건강한 성과 병든 성에 대해 이야기를 늘어놓는다. 의학의 제도적 초점은 진료실과 병실 또는 정신분석학자의 의자이다(사실 푸코가 고백의 양식과 정신분석학의 대화치료 간에 유추를 행한 최초의 인물은 아니다. 프로이트 스스로도 똑같이 그것을 연관시켰다). 다음으로 법률, 교육, 인류학, 사회학, 정치학의 언어가 있다. 이 모두 제나름대로 성에 관해 사려깊게 언급한다. 자 그렇다면 성은 범죄, 육아, 문화변동, 정치적 선택의 산물인가? 물론 새로운 성운동의 저항담론이나 대항담론처럼, 그 역의 전투적 언어들도 있다. 우리는 경쟁적이고 때로는 모순적이기도 한 서술과 정의의 세계 속에 살고 있다.

따라서 분명한 성차가 출현하게 되는 것은 개별 주체에겐 아주 장기적인 과정이며, 그 과정은 복잡한 사회생활을 통해 습득된다. 비록 명쾌하지는 않아도 가족생활에서 성차가 획득되는 사회적 활동의 전범이 드러난다. 학교 또한 늘 동일한 지향은 아니라 할지라도 분명히 성차에 관한 메시지를 전달한다. 또래집단의 상호평가에 의해서도 사회적 일탈을 배타시하는 방벽이 만들어진다. 연애의 의식들, 성적 주도권, 나아가 성폭력까지 성적 분할을 확고하게 만들어준다. 그리고 어떤 상대를 선택하고 욕망하는가에 따라 정상성과 비정상적 행동으로의 행로가 보증된다. 매체적 표상은 소망스런 정체성의 상을 구성한다. 종교적, 도덕적, 정치적 활동에 참여함으로써 생활은 성인적 방식으로 조직된다. 우연조차 즉흥적 영향을 미친다. 우리가 자신의 주체성과 타인에 대한 느낌을 구성하고, 또 삶의 향방에 관한 답을 얻을 수 있는 것은 모두 이 영향요인들에 대한 반응 여하에 달려 있다. 남자 또는 여자, 이성애자나 동성애자 그 무엇이든, 우리의 정체성은 사회적 관계내에서 이루어지는 복잡한 정의와 자기 정의 과정의 산물이다.

지금까지 나는 남성과 여성의 정체성이란 자연적 속성에 의해 영구고정된 것이 아니라, 다양한 힘에 종속되고 때로 모순적으로 찢기어진, 유약하고 우연적인 속성들이라 얘기했다. 예컨대 우리 사회에서는 남자가 됨이란 동성애자가 되지 **않는 것**이라는 점을 일찍부터 깨우친다. 남성동성애는 수 세기를 통해 계집애같음, 거꾸로 선 성별, 좀더 정확히 말한다면 '사내답지 못함'이라 낙인찍혀 왔다. 하지만 우리는 또한 많은 수의 '진짜 사내'들이 자신들 스스로 동성애자로 생각하며, 1970년대에는 게이 세계가 일반적으로 '마초화 machoization' 되었음을 알고 있다. 이때 관례적으로 사내가 된다는 생각과 성적 욕망 그리고 성행위 사이에 갈등이 벌어진다. 그리고 대부분의 게이들에게 이러한 긴장이 존재한다. 여성의 성은 또다른 예를 제공한다. 여성은 전통적으로 자극에 민감히 반응하고 양육이나 출산과 밀접하게 연관된 성을 가지는 것으로 정의되어왔다. 그러나 지난 수십년간 여성의 육체는 대중매체에서, 그리고 일반적 표현물들을 통해 점점 더 성화되었다. 동일한 여성이 화보잡지의 한 페이지에서는 아이를 돌보고 가사일을 수행하는 유능한 가정관리인이면서 동시에 다른 페이지에서는 관능적이고 유혹적인 **요부 femme fatale**로 전달될 수 있다. 하지만 아마도 이러한 상반되는 정의가 갈등을 일으키거나 혼란을 불러일으키지는 않을 것이다. 우리는 우리의 마음과 성적 외양 속에 우리 자신 즉 우리의 동기, 소망, 욕망, 욕구 따위에 관한 변화무쌍하고 때론 대립적이기도 한 일련의 설명을 한데 담아두고 있는 것이다.

하지만 사회는 분할을 요구하고 경계를 만들어낸다. '남성성'과 '여성성'은 통일적인 개념이 아닐지도 모른다. 그것들은 대립하고 때로는 모순적인 전언으로 가득차 있다. 또한 이러한 맥락에 따라 남성성과 여성성이라는 개념은 전혀 다른 의미를 갖게 된다. 또 대중적 편견처럼 공문서 따위나 법전에서도 늘 동일한 의미작용이 벌어지는 것은 아니다. 계급적, 지리적, 인종적 환경의 차이에 따라 남성성과 여성성은 상이한 사실을 의미하게 된다. 하지만 우리가 고안한 성적 특질이 무엇이건 그것은 강력한 이념으로 또한 규정적인 사회적 분할로 자리잡는다. 우리는 시대에 따라 다른 방식으로 성적 분할을 행한다. 그리고 언제나 이런 분할은 남자와 여자로 이뤄진다. 물론 성차적 구분이 무의미한 것이라고 일축하려는 것은 아니다. 도리어 여기에서 말하고자 하는 요지는, 사회적으로든 실천적으로든 남성이 여성을 정의하는 권력을 가져왔던 역사적 상황과 권력의 불균등이 엄존했다는 점이다. 남성다움과 남성의 성은 여전히 여성을 판단하는 규준이다. 이는 남성에 의해 정의된 여러가지 사실들이 액면 그대로 수용된다는 말은 아니다. 이와 반대로 성적 의미를 둘러싸고 개인적 차원에서든 집단적 차원에서든 부단한 투쟁이 존재했다. 그러나 그 투쟁은 지배적 의미에 의해 제한된 틀내에서 실행되고, 그 결과 이러한 투쟁은 특정한 사회적 관계-결혼과 가족관계 그리고 일단의 사회적 제도와 행위(이를 통해 성별적, 성적 정체성이 구성되고 항상 이것들은 긍정된다)-를 통해 약호화된다.

아마 성차의 의미를 둘러싼 투쟁은 그 미묘함때문에 우리가 의식적으로 포착하지 못하는 차원에서 벌어질 것이다. 하지만 최근 몇몇 연구자들이 명백히 보여주었듯, 미성년자들 내부에서조차 그것은 결정적인 비중을 차지한다. 젊은이들이 모이는 중심 지대를 관찰했던 미카 나바 Mica Nava의 연구에 따르면, 청소년들간에는 기존의 약호화된 성적 분할과 이성애적 조건(이는 언어, 의식 ritual, 상호작용 따위를 통해 존재하게 되고 또 그에 의해 지속적으로 강화된다)에 순응하도록 강제하는 극단적 압력이 존재한다. 그녀가 말하는 바에 의하면, 청소년 중심지에서

소녀들에 대한 규율은, 특별한 성적 행동과 복종, 수락의 양식을 포괄하는 여성성에 관한 통념을 통하여, 대부분 **소년들**에 의해 실행된다... 이러한 가정 밖 문화에서 소녀들은 소년의 적극성에 대한 관찰자이자 다른 소녀들의 수동성에 대한 **감시자이며 관리자**이다... 그리고 이러한 권력은 특정한 담론과 범주- '슬랙 slag(남성 역할을 수행하는 동성애자)' 이나 '푸프 poof (여 성역할을 수행하는 동성애자)같은-에 준거하여 어떤 행동이 적절한 남성적, 여성적 행동인지를 결정하는 일군의 소년들

(소녀들) 속에 자리잡게 된다.*30

　이는 성차가 어떻게 사회생활 전체-작업장의 관행('성희롱')부터 거리의 습속('여성을 조롱하는 휘파람'), 바에서의 일상적 의식이나 다른 사회적 행위에 이르기까지-를 통해 제도화되고 강화되는지를 보여주는 하나의 예증이다. 기왕의 어떤 변화에도 불구하고(나바의 조사작업은, 남성다움/여성다움에는 또다른 대안적 방식이 있을 수 있다는 점이 세상에 공표되고 난지[이는 6-70년대의 성혁명 기간을 뜻한다-역자] 약 10여년쯤 경과한 후에야 이루어졌다), 문화적으로 정의된 남성성은 여전히 규범으로 남아 있었고, 여성성은 줄곧 문제적인 것으로 취급받았다. 예나 지금이나 사내로 되어가는 과정에 있는 남자들이 권력관계에서 여성이 무엇인지를 정의하는 권능의 장소를 차지하였던 것이다.

성과 무의식

　우리는 지금까지의 논의를 두 가지로 요약할 수 있을 것이다. 첫째, 성적 정체성이 선천적이거나 자동적으로 형성된 어떤 고정불변의 것이 아니라는 점을 기꺼이 인정해야 한다. 성적 정체성이란 사회적으로 조직되며, 불안정하고 변화가능한 것이고 또한 관계적이다. 남성성과 여성성은 다른 한편이 존재함으로써만 존재할 수 있다. 정체성이란 유동적이고 변화하는 정의로, 어쨌든 필요불가결한 것이기는 해도 그렇게 정의되는 내용은 끊임없이 변화한다.

　둘째, 남성에게 영속적으로 예속된 남성이라는 의미의 성차, 그런 성차적 의미의 외피를 벗어던지기란 어려운 것으로 보인다. 분명 이러한 역사적 연속성은 부분적으로 남성이 가진 상당한 권력에 의거하여 설명될 수 있다. 가부장적 권력구조를 가진 어떤 문화든 성차를 옹호하는 것을 두고 볼 때, 이는 능히 설명가능하다. 하지만 그렇다고 그로부터 왜 남녀 모두 성차를 유지하는 데 그렇게들 애를 쓰고, 또 왜 그들 대부분이 성차에 의해 그토록 많은 압박을 받게 되는가가 설명되는 것은 아니다. 성차는 분명 필수적이지만 불안정하며, 근본적이지만 일시적이다. 그렇다면 어떤 방법을 통해 우리는 성별이라는 사회적범주 내에서 자기인식을 행하게 될까? 우리는 근대 성이론에서 덧없는 짓이라고 판정해버린 그런 문제에 왜 그토록 아둥바둥댈까? 분명 비본질적인 것인데도 왜 성차는 영속적이고 탄력적으로 반복되는 것일까? 역동적 무의식과 욕망의 이론인 정신분석학의 이론적 접근은 바로 이 점을 통찰케 해준다.

정신분석학은 비록 그 여파가 모호하고 모순적이긴 했어도, 금세기 성이론에 결정적 공헌을 하였다. 20세기의 다른 많은 위대한 지적 작업(여기에서 나는 마르크스주의, 민주주의, 민족주의를 염두에 두고 있다)처럼, 정신분석학은 맥락에 따라 의미가 천만별이다. 프로이트 자신의 저작은 해석의 여지가 무궁무진한 사고의 수맥이다. 하지만 그의 적자임을 주장하는 이들은 사람들을 헷갈리게 만들었고, 때론 정작 프로이트가 말하고, 의도하고, 또 믿고 싶었던 바와는 아주 딴판의 주장으로 몰고가기도 했다. 따라서 '진정한 프로이트'를 밝히겠다고 덤비는 것은 자칫 위험천만한 모험일 수 있다. 하지만 다른 길도 있다. 최근의 프로이트 해석들은 프로이트가 어떻게 기존의 성전통의 학설에 도전했는지를 보여주고 있다. 우리는 이를 살펴보는 것이 훨씬 흥미있고 유익한 일이라 생각한다. 최근의 프로이트 해석 가운데서 가장 결정적 공헌은 여성해방적 정신분석학에서 찾아볼 수 있다. 이 접근방법은 대개 프랑스의 정신분석학자인 자크 라캉의 저작이나 멜라니 클라인 Melanie Klein의 유아연구를 끌어들이면서, '과학적' 이라기보다는 '정치적' 인 다분히 종합적인 주장을 발전시켰다.

로잘린 카워드는, 정신분석학의 의의는 성을 의문의 여지가 없는 당연한 범주로 가정했던 기존의 관점을 상대화했던 점이라고 주장한다.[*31] 정신분석학은 성이라는 개념을 근본적으로 재검토하도록 제안했고, 생식적 성의 중심성, 엄격한 남녀구분 등을 의문시했다. 따라서 카워드가 보기에 이러한 정신분석학적 접근방법은 일련의 본질주의적 관점에 도전하고, 무의식적 의미의 힘을 긍정함은 물론 성차가 이미 주어져 있다는 가정을 대담하게 문제화한다. 이는 프로이트 저작에 대한 중요한 확장이자 발전이다. 프로이트는 실제 남성성과 여성성의 개념을 본질시 하는 것이 문제임을 분명히 지적하였고, 그것이야말로 그동안 과학에 알려진 문제 가운데 가장 난해한 문제 중의 하나라고 생각했다. 초기 프로이트주의자들의 관점 이래 정신분석학을 현대적으로 수용하는 방식에는, 크게 세 가지 추세가 있다. 첫째, 정신분석학의 핵심인 무의식에 관한 이론이 있다. 정신분석학적 전통은 개인은 이미 결정된 생물학적 명령의 산물도, 사회적 관계의 단순한 결과도 아니라 주장한다. 요컨대 그 자체의 역학과 규칙, 역사를 갖는 심리적 영역인 무의식이 존재하고, 이 곳에서 육체의 생물학적 가능성들은 자신의 의미를 비로소 획득한다. 낸시 초도로우가 지적하듯,

> 우리는 육체화된 삶을 살아간다. 우리는 자신을 육체적으로 남성과 여성에 자리매김하는 성기와 여러 생식기관과 그 능력, 호르몬과 염색체를 가지고 살아간다. 하지만... 이 생물학에는 그 어떤 자명한 사실도 존재하지 않는다. 누군가가 어떻게 그(녀) 자신의 생리적 현상을 이해하고, 상상하고, 상징하고, 내적으로 표현하거나 느끼는가는, 가족내적 경험과 발전의 산물이지 생물학 그 자체의 직접적인 결과는 아니다.*32

무의식은 관념들, 소망들 그리고 욕망들 사이의 갈등의 영역이다. 그리고 이런 관념, 소망, 욕망은 정신적 억압의 힘에 의해 의식적 삶에의 접근이 거부당했지만, 언제나 꿈, 말실수, 농담, 신경증 또는 도착적 행동 따위의 형태로 의식을 파열시키면서 '귀환' 하고 만다. 근본적으로 무의식을 구성하는 것은 현실의 요구에 직면하여 억압된 소망과 욕망들, 특히 유아기의 근친상간적 욕망같은 억압물이다. 요컨대 "정신적 삶에서 무의식이 무엇인가는 유아적인 것이 무엇인가와 같은 의미이다."*33

이러한 주장은 성차의 이론화라는 두번째 문제로 관심을 유인한다. 여러가지 정체성(남자나 여자로서의) 그리고 욕망과 대상선택의 조직물들(이성애적, 동성애적 혹은 그 무엇이든), 그것들은 출생과 더불어 자동적으로 부여되는 것이 아니다. 반대로 그것들은 성적으로 미분화된 다형도착적 성과 양성적 본능(대상선택은 미리 주어지지 않는다)을 가지고 있던 애초의 '인간적 얼룩' 이, 산재해있는 험로들을 이겨내며 성숙해가는 일련의 심

리적 투쟁과 갈등의 산물이다. 어린아이는 육체의 다른 부분이 성애적 흥분의 초점이 되는 것을 깨닫고 차츰 '거세(남성 성기의 유무)'를 파악하게 되면서, 외디푸스 위기의 드라마(이 속에서 이 작은 인간은 어머니와 아버지에 대한 근친상간적 욕망과 투쟁하며, 동성의 '적절한 부모'와 궁극적으로 동일시하게 된다)로 넘어가는, 일련의 초기적 발달국면을 헤쳐나간다. 이 '서사적' 투쟁을 통해 성적으로 미분화된 유아는 마침내 작은 남자 그리고 작은 여자로 된다. 이는 물론 프로이트의 설명이 가진 미묘한 복잡성을 무시한 도식적 서술일 뿐이다. 적합한 행동으로 나아가는 그 어떤 순차적인 계단이란 없다. 만일 이 과정이 자동적으로 '행해졌다면' 성별에 대한 모호함이나 동성애, 물신주의, 복장도착같은 것들은 없었을지도 모른다. 이런 점에서 나는 다음을 강조하고 싶다. 프로이트에게 있어 성적 정체성을 획득하는것 그리고 정체성과 욕망(우리가 누구인가? 우리는 무엇을 욕구하고 무엇을 결핍하고 있는가?)을 함께 결합한다는 것은 우리 모두가 반드시 경과해야 하는, 그리고 해부학적인 근거에 의해 할당된 위치를 통해서는 결코 포획되지 않는 부단한 투쟁이다.

한편, 프로이트의 악명높은 이야기처럼, '해부학은 운명이다.' *34 그리고 이는 지금까지 행해진 프로이트 비판의 핵심이었다. 이 명제는 현재의 사회적 배치의 완강함을 옹호하고, 성적 분할을 정당화하며, 마음에 대해 육체의 전제를 부과하는 것처럼 보인다. 그러나 해부학의 의의를 평가하는 또다른 방식도 있을 수 있다. 요컨대 해부학은 상징적인 의의를 지니며, 문화내에서만 의미를 획득하게 되는 성차의 재현물이라는 방식이 바로 그것이다. 최근의 정신분석학 문헌에서 페니스 또는 그 상징적인 표현물로서 남근은 의미형성과 관련하여 일차적인 표지로 간주된다. 그것은 차이의 표시이며 상징적 질서와 언어, 의미, 문화 그리고 역사(따라서 잠재적으로 변화하는)의 영역에 존재하는 권력의 차이를 나타낸다.*35 이것이 어느 정도 정확한 설명이라면, 외디푸스적 계기의 의미질서에 접근함에 따라 어린아이는 성차와 사회적 지위에 있어 남성 성기가 갖는 문화적 의의를 점차 깨달아갈 것이다. 따라서 어린아이에 대한 거세 위협(설령 당신이 내 페니스를 자르겠다고 행동하지 않더라도…) 또는 소녀(페니스를 소유하지 않은

3장. 성차의 의미들

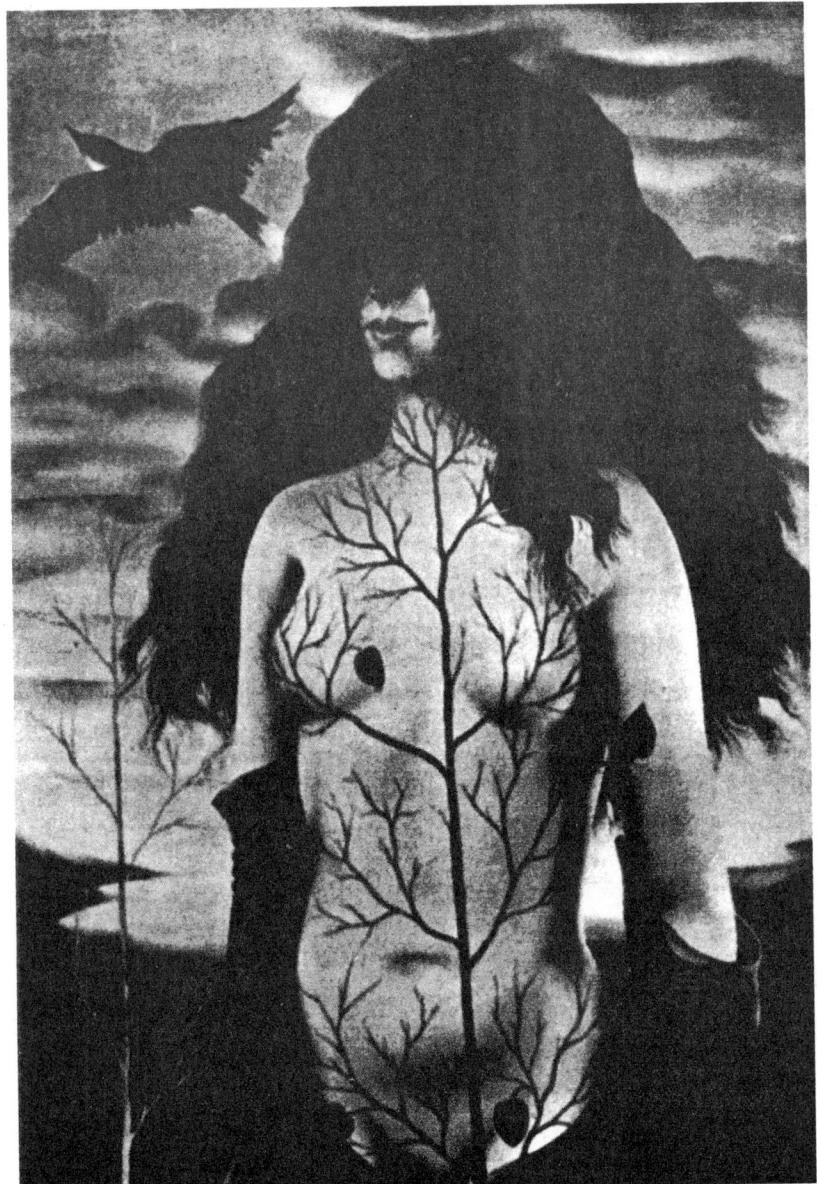

여성이 된다는 것은 자신의 삶을 절멸시키는 일이다. 타인에 의해 자신의 모든 욕망이 정의되도록 자신을 방기하는 일, 그것이 여성이 되는 길이다. 만일 이를 거부한다면? 그녀는 마녀이거나 유령이다.

사람)가 이미 자신이 '거세' 당했다는 문화적 신념은 결정적인 '심리적' 의의를 지닌다. 거세공포는 외디푸스 위기를 통해 소년, 소녀가 서로 **다른 방**

식으로 성장하도록 한다. 소년, 소녀는 어머니와 맺고 있던 원초적 관계를 단절해야만 한다. 이들은 이를 서로 다른 방식으로 수행한다. 소년은 자신의 아버지와의 동일시함으로써, 궁극적으로는 어머니에 대한 애정을 다른 여성에 대한 욕망으로 전이함으로써 외디푸스 콤플렉스를 해결한다. 한편 소녀는 어머니와의 동일시를 공고히 하고, 페니스를 갖고 싶다는 자신의 욕망을 타인으로부터 페니스를 선물받고 싶다는 욕망(즉 남자에게 받아들여지기 쉬운 여자)으로 변화시키기 위해 오랜 험난한 과정을 경과한다.

여기에서 중요한 점은 그 설명방식의 정치함이 아니라 -가끔 이런 식의 논리는 그 조잡한 이야기 구조때문에 희극처럼 보일 수도 있다- 복잡한 인간과정(이 과정을 통해 해부학적 차이는 무의식적 삶 내부에서 그 의미를 획득하게 된다)내에서 어떻게 성별화된 정체성이 형성되는지를 보여주고자 한다는 것이다. 우리의 운명은 차이 그 자체에 의해서라기보다 사회적으로 주어지고, 다시 심리적으로 다듬어진 의미들에 의해 형성된다. 그리고 이로부터 세번째 요점이 나타난다. 성적 정체성은 불안정할 뿐 아니라 일시적인 후천적 기질로, 항상 붕괴의 위험에 처해 있는 '상상적 봉합물'이다. 그리하여 외디푸스 드라마에 의해서도 완전히 혹은 최종적으로 소멸되지 못한 억압된 욕망인 무의식적 요소들이 폭발하게 되고, 이를 통해 위기는 가속화된다. 프로이트에게 인간이 된다는 것은 분화된다는 것, 끊임없이 탈중심화 된다는 것 그리고 의식적 통제 밖에 있는 힘에 의해 지배되는 것이다. 그리고 이 분열된 주체의 한복판에 남성성과 여성성이라는 모호한 의미가 자리잡고 있다.

> 심리학에서 양성 대비는 수동성과 능동성의 대비 속에 녹아버린다. 심리학에서 우리는 안일하게 능동성과 남성성, 수동성과 여성성을 동일시한다. 그러나 이런 식의 관점은 동물제국을 들여다봐도 어불성설임이 입증된다.[*36]

여하튼 프로이트는 인간 본질의 고정성과 성분화의 경직성에 의문을 제기하고자 했던 현대적 논의의 선구자였음에 분명하다.

차이의 결과들

우리는 이제 생물학적 결정론의 경직성을 문제삼을 수 있는 두 개의 용어를 마련하게 되었다. 즉 다양한 제도, 친교관계, 신념의 그물망으로서의 '사회적인 것' 그리고 사회적 규범과 생물학적 가능성을 다양하게 매개하면서 그 나름의 독자적인 역사를 가지고 있는 '무의식적인 것'이 바로 그것이다. 우리의 성적 정체성-남성 혹은 여성, 정상인 혹은 비정상인, 이성애자 혹은 동성애자-은 다양한 재료로 이루어져 있다. 그리고 이러한 재료들은 삶의 과정에서 어떻게든 처리되고 생물학적 유산에 의해 제한을 받으며, 우연성, 사회적 규율, 통제에 의해 변화되고 무의식적 소망과 욕망에 의해 언제라도 와해될 수 있다. 하지만 그럼에도 우리는 양성적 차이에서 완전히 벗어나기란 불가능하다. 데니스 릴리 Denise Riley가 주시하듯

> 프로이트의 "해부학은 움직일 수 없는 숙명이다"는 말에는 일말의 진리가 담겨 있다. **현재 주어진 모든 것**인 해부학, 그것은 우리게 무슨 수를 써도 넘기가 어려운 어떤 특정한 선택을 지시한다.*37

이미 존재하는 성차의 구조와 그에 의해 규정되고 설명되는 주체의 지위에 의해 우리의 자유로운 욕망의 유희 그리고 또다른 차이의 추구와 또다른 삶의 방식이 제한받게 된다. 우리는 성차와 주체의 지위가 극히 불확실한 것이라고 이해할 수는 있어도 여전히 그것이 잡아당기는 인력으로부터 좀체 헤어날 수 없는 위치에 속박당해 있다.

이때문에 여성해방운동과 급진 성정치에 극히 중요한 문제들이 제기된다. 만일 성차란 것이 단지 임의적이고 우연적일 뿐이기 때문에 아예 없는 것으로 치부하고 살 수 있다면, 여성해방 정치가 변화시키려 했던 것은 그 존재근거가 와해되어버린다(여성의 예속이라는 문제를 기치로 숱한 여성조직이 등장하게 된 데에는 그 나름의 역사적 이유들이 존재한다). 그런 식으로라면 여성해방운동이란 고작 성별적 불평등의 완화를 위한 일군의 정책적 대안들로 환원되어버릴 것이다. 한편 급진적 여성해방운동이 주창하

듯 여성공동체를 긍정하기 위해 성차가 과대평가다면 남성은 적이며남성과의 성적 분할과 적대는 불가피하다는 결론으로부터 벗어날 길이 없다.

여성에 대한 남성 성폭력의 문제는 이러한 딜레마를 날카롭게 보여준다. 성폭력은 강간부터 가정폭력과 아동학대에 이르기까지 일련의 성화된 상황에서만 벌어지는 특유한 행동이다. 따라서 으레 그러하듯 성폭력이 내적으로 공격적인 남성성의 불가피한 산물이라는 점을 부인하고, 그 대신 로잘린 카워드의 이야기처럼 성폭력이란 '성의 문화적 의미를 제의적으로 수행하는 것'[38]이란 점을 수긍한다면 우리는 남성성이 획득되는 사회, 심리적 조건을 설명해야만 한다. 그러한 조건들은 복잡다양하고, 그것을 간단히 일소할 수 있는 방안도 없다. 앞에서 보았듯, 성은 다양한 감정과 욕구들의 전송수단이다. 이어들리 Eardley가 주장하듯,

> 남성사회화의 요체인 그 정서적 둔감 illiteracy때문에, 남성에게 있어 성이란 매우 자극적인 것으로 되어버린다. 성은 억압되고 오도된 열망, 낙담, 분노들로 북적대는 비좁은 통로로 바뀐다... 성 둘레에 엉켜 있는 이러한 해소되지도 체험되지도 못한 감정덩어리의 압력으로 인해 주체할 수 없는 남성이라는 신화에 그 주관적 권력이 부여되는 것이다.[39]

위의 설명은 분명 지엽적이고 불충분하다. 하지만 이러한 설명은 심리적 억압과 가족생활의 조건부터 남성적 행동이라는 이름으로 부과되는 일련의 사회적 기대에 이르기까지, 실제 남성적 공격성으로 기능하는 여러 핵심적 요소들이 어떻게 얽히는지 밝히는 데 매우 유용하다.

그러나 남성 성폭력이 생물학적 결과가 아닌 복잡한 사회적 실천과 심리적 구조화에 의한 결과라는 점을 인정하더라도, 남녀관계의 전환은 새로운 육아방식에서 여성의 전혀 다른 경제적, 법적, 사회적 조건에 이르는 일련의 복잡한 과정을 통해서만 성취될 수 있다. 이에 대해 릴리는 다음과 같이 결론내린다.

'성정치'는 '성'과 '정치'를 잇고자 하는 흥미있는 시도임에도 불구하

고, 진정 혁명적인 정책을 산출하기보다는 사회정책이나 가족정책 따위나 물고늘어지는 따분한 메아리가 되기 쉽다.*40

이 주장이 성별이나 성의 문제를 둘러싼 정치를 포기하자는 것은 아닐 것이다. 도리어 앞의 주장은 적절한 정치적 전망을 사고하고 현존하는 갈등적 차이를 넘어 새로운 가치의 발전을 요청하고 있다. 어떤 성정치도 성차란 불가피한 것도 불변적인 것도 아니라고 주장한다. 하지만 변화의 전제조건은, 변화를 활성화시킬 수 있는 여러가지 요소들이 서로 맞물려 돌아가야 함을 인정하는 것이다. 그리고 그런 인식을 통해서만 '생물학적 명령'으로부터 벗어나 인간(동물의 반대항으로서의 인간)적인 풍요로움과 다양성을 마련해주는 상이한 차이들을 모색할 수 있을 것이다.

주

1. John Money, *Love and Love Sickness*, Johns Hopkins University Press, Baltimore and London(1980), 133쪽.

2. Havelock Ellis, *The Psychology of Sex*, William Heinemann, London(1946, 초판 1933), 194쪽.

3. 이에 대해서는 다음의 논의를 참조하라. *Sexuality and Its Discontents: Meanings, Myths and Modern Sexualities*, Routledge & Kegan Paul, London(1985), 80-5쪽.

4. 이에 대해서는 다음을 참조하라. William H. Master and Virginia E. Johnson, *Human Sexual Response*, Little, Brown and Co., Boston(1966).

5. Roger Scruton, 'The Case against feminism', *The Obsever*, 22 May, 1983, George F. Gilder, *Sexual Suicide*, Quadrangle, New York(1973)에서 재인용.

6. E. O. Wilson, *Sociobiology: The New Synthesis*, Harvard University Press, Cambridge, Mass., and London(1975), 4쪽.

7. Richard Dawkins, *The Selfish Gene*, Granada, St Albans(1978), 7쪽.

8. 같은 책, 71쪽.

9. E. O. Wilson, *On Human Nature*, Havard University Press, Cambridge, Mass(1978), 3쪽.

10. Jeremy Cherfas and John Gribbin, *The Redundant Male*, The Bodley Head, London,(1984) 4쪽.

11. 같은 책, 178쪽.

12. Donald Symoms, *The Evolution of Human Sexuality*, Oxford University Press, Oxford and New York(1979), 11쪽.

13. 같은 책, 27-8쪽.

14. H. J. Eysenck and G. D. Wilson, *The Psychology of Sex*, Dent, London(1979), 9쪽.

15. Steven Rose, Leon J. Kamin and R. C. Lewontin, *Not in our Genes, Bilology, Ideogy and Human Nature*, Penguin, Harmondsworth(1984), 158쪽.

16. Alan P. Bell, Martin S. Weinberg and Sue Kiefer Hammersmith, *Sexual Preference. Its Development in Men and Women*, Indiana University Press, Bloomington(1981) 191-2쪽.

17. John Nicholson, *Men and Women. How Different Are They?* Oxford University Press, Oxford and New York(1984), 6쪽.

18. John Archer and Barbara Lloyd, *Sex and Gender*, Penguin, Harmoondsworth(1982), 47-8쪽.

19. 다음 책에 실린 Richard Dyer의 글을 참조하라. Andy Metcalf and Martin Humphries, *The Sexuality of Men*, Pluto Press, London(1985), 30-1쪽.

20. Archer and Lloyd, 위의 책, 47쪽.

21. 같은 책, 69쪽.

22. Alfred C. Kinsey, Wardell P. Pomeroy, Clyde E. Martin and Paul H. Gebhard, *Sexual Behaviour in the Human Female*, W. B. Saunders Company, Philadelphia and London(1953), 728-9쪽.

23. Kenneth Plummer, *Sexual Stigma: An Interactionist Account*, Routledge & Kegan Paul, London(1975), 32쪽.

24. Fred Weinstein and Gerald M. Platt, *The Wish to be Free, Psyche and Value Change*, University of California Press, Berkley(1969), 6쪽.

25. Margaret Mead, *Sex and Temperament in Three Primitive Societies*, Routledge & Kegan Paul, London(1948), 279-80쪽.

26. Margaret Mead, *Male and Female: A Study of the Sexes in a Changing World*, Victor Gollncz, London(1949), 7쪽.

27. 같은 책, 163쪽.

28. Michel Foucault, *Power/Knowledge*, Colin Gordon (ed.), Harvester Press, Brighton(1980), 194쪽.

29. John H. Gagnon, *Human Sexualities*, Scott, Foresman amd Co.,

Glenview, Illinois(1977), 6쪽.

30. MIca Nava, 'Youth service provision, social order and the question of girls', Angela McRobbie and Mica Nava(eds.), *Gender and Generation*, Macmillan, Basingstoke(1984), 12-3쪽.

31. Rosalin Coward, *Patriarchal Precedents: Sexuality and Social Relations*, Routledge & Kegan Paul, London(1983).

32. Nancy Chodorow, 'Gender, relation and difference in psychoanalytic perspective', Hester and Alice Jardine(eds.), *The Future of Difference*, G. K. Hall, Boston, Mass.(1980), 18쪽.

33. Sigmund Freud, *Introductory Lectures on Psychoanalysis*(1916-17), *Standard Edition*, Vol.16, Lecture 13. 프로이트의 다양한 성이론에 대한 저작에 대해 좀더 알고 싶으면 Weeks, *Sexuality and Its Discontets*, 6장을 참조하라.

34. *Standard Edition*, Vol.19, 178쪽.

35. 특히 다음을 참조하라. Juliet Mitchell, *Psychoanalysis and Feminism*, Allen Lane, London(1974).

36. Sigmund Freud, *Civilization and Its Discontents*(1930), *Standard Edition*, Vol.21, 106쪽, 주3.

37. Denise Riley, *War in the Nursey. Theories of the Child and Mother*, Virago, London(1983), 4쪽.

38. Rosalind Coward, *Female Desire. Women's Sexuality Today*, Paladin, London(1984).

39. Tony Eardley, 'Violence and Sexuality', Metcalf and Humpries, *The*

Sexuality of Men, 101쪽.

40. D. Riley, 위의 책.

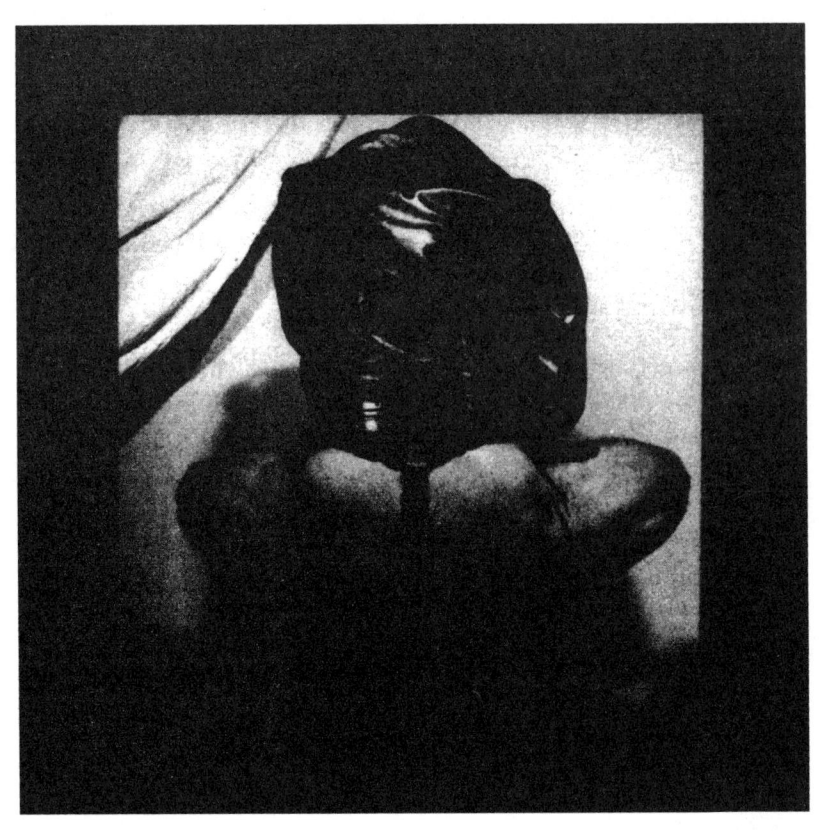

성전통은 기본적으로 두 개의 입장을 제시한다.
즉 성은 근본적으로 위험하고, 적절한 통로를 통해 배출될 때에 한에서
용납될 수 있다(일반적으로 부부 사이의 생식적인 섹스)는 입장과,
성은 기본적으로 건전하고 선한 것이지만 부패한 사회에 의해
억압, 왜곡되고 거부당해왔다는 또 하나의 입장이 그것이다.
하지만 내가 이 글에서 주장했던 것처럼 제3의 접근방법도 있을수 있다.
즉 성은 단지 사회적 관계들 속에서만 의미를 획득하는 것이며,
사회적, 정치적 맥락을 이해하는 경우에만
성에 대한 적절한 선택이 가능하다고 생각할 수 있다.

4장. 다양성의 도전

성들은 치료지침서와 통계지침서에서 빠져나와 사회의 평면 위로 줄기차게 전진한다.
게일 루빈 Gayle Rubin*1

도착이라는 언어

우리가 성에 대해 사고하는 방식이 그것을 체험하는 방식을 윤곽짓는다면, 말들이란 우리에게 의미를 전하는 사고의 미세한 표지들이며, 종이 위에 휘갈겨지고, 대기를 유영하는 임의적 기호들일 것이다. 성에 관한 논란에서 공히 등장하는 두 개의 말을 취해보자. 먼저 도착이라는 낱말 즉 '도착적인' 혹은 '도착된 perverted' 상태, 적절하고 올바른 것으로부터 벗어남 등의 의미를 가진 말이 있다. 두번째로 다양성이라는 말 즉 '차이' 혹은 '같지 않음 unlikeliness' 과 연관되어 있고, 다양한 조건이라는 의미를 가진 말이 있다. 두 말은 분명히 서로 얽혀 있고, 두 말 모두 그 어떤 엄정한 '정상성 nomality' (또 하나의 중핵적인 개념)으로부터 벗어나 있음을 나타낸다. 옥스포드 축쇄 영어사전은 '도착' 이라는 말이 '다양성' 이라는 말의 어의 가운데 하나였고, 그 말이 16세기까지 줄곧 쓰여왔음을 상기시킴으로써 두 말 사이의 연관을 깨닫게 해준다. 확실히 두 말 사이에는 공통의 역사가 존재하는 것이다. 하지만 이 낱말을 성에 적용해볼 때, 오늘날 그 말들이 갖는 함의는 차별적이다. 도착과 다양성은 유사한 현상을 지시한다. 실제로 성적 언어상의 중대한 변동을 의미화하는 위의 두 개의 말과 우리가 욕구나 욕망에 대해 생각하는 방식 사이에는 벌어진 틈이 있다. 왜냐하면 '도착'과 관련된 말은 무엇이든 성적 가치의 위계를 나타내고, 그 위계 속에서 '도착들 perversions'은 최하위의 척도에 자리잡고 있는 반면, '다양성'이라는 말은 어떤 요소도 다른 것에 더 큰 근본적 가치를 보유할 수 없는 일련의 행위연속체를 가리키기 때문이다.

도착이라는 언어는 늘 강한 도덕적 어조를 띠고 있고, 상궤로부터의 일탈 혹은 오도된 것에 대한 탐닉이라는 의미를 은폐하고 있다. 도착 혹은 도착자같은 용어들이 19세기 후반 성과학 문헌에서 사용되기 시작했을 때, 이는 상당히 꺼림칙한 일이었다. 하브록 엘리스 Havelock Ellis(그 자신 역시 초기 저작에서 이 용어를 그다지 능란하게 사용한 편은 아니었다)에 따르면, 이 용어들은 성적 비정상자들을 대개 죄인이나 범죄자 혹은 적어도 배덕자로 취급하던 시절의 산물이었다.*2 그 결과 고대 기독교 율법에서 연원한 금지들이, 어쨌든 겉으로 보기에는 과학적인 교본의 과학언어들 속으로 옮겨왔다. 이리하여 그 용어들은 개인들의 성생활에 대한 의료적 탐구의 체계로 자리잡게 되었고, 킨제이가 날카롭게 지적했듯이, '신학적인 분류법이나 15세기 영국 공공법의 도덕적 결정들과 거의 흡사한' *3 정의를 물려받았다. 동성애, 물신주의 fetishism, 관음증 voyeurism, 절도광 kleptomania(성적인 의상이나 성을 표상하는 물건을 훔침으로써 성적 욕망을 충족하는 신경증의 일종-역자), 새디즘과 마조히즘, 복장도착증 transvestism, 시체애호증 undinism, 프로타쥬 frottage(옷을 입은 채 성기를 남에게 문지름으로써 성적 욕망을 충족하는 신경증의 일종-역자), 만성 성욕항진증 chronic satyriasys과 여성 이상성욕항진증 nymphomania, 시간증 necrophilia, 소년애 pedastry… 등 도착의 일람표는 끝이 없다. 각 도착자들에 관해 짐짓 객관적인 척하는 탐구가 이루어지고, 도착의 원인들에 대해 끝없는 숙고가 진행된다. 그것은 퇴폐일까, 아니면 무해한 비정상일 뿐일까, 선천적일까, 아니면 후천적일까, 오도된 유전의 결과일까, 아니면 도덕적 타락의 결과일까, 심리적 외상의 산물일까, 아니면 자유롭고 의지적인 선택행위일까? 크라프트 에빙 Krafft-Ebing은 도착자 a perversion 와 도착 perversity을 구분하였다. 후자는 악의 산물이지만, 전자의 경우는 정신병리적 psycho-pathological 조건이라는 것이다. 한편 하브록 엘리스는 다소 임의적인 생물학적 '장난 sport'인 인버전 inversion과 달리 도덕적 방종으로부터 생겨난 퍼버전 perversion을 따로 나눈다. 마그누스 히르쉬펠트 Magnus Hirschfeld와 그의 추종자들은 도착자들을 비정상인들 anomalies과 구별한다. 하지만 이들이 어떤 식의 정확한 차별점이나 병인(원인들)을 찾아낸다 하더라도, 한결같이 결과에만 주목할 뿐이었다. 결국 이런 성과학 문헌들의 테두리 밖에서 자기고백이라는 짐짓 진정한 authentic 목소리로 말할 때(비록 많은 흉폭한 기억들이 세심히 검열되고, 띄엄띄엄 연결되며, 또 라틴어로 표현된다 해도), 실제 개별 인격체들은 성적 이단이라는 기호에 의해 상징되고 변형되었다.

푸코가 '도착의 이식 perverse implantation' *4이라고 묘사했던 바의 결과는 이중적이었다. 긍정적인 면에서 성적 존재들에 대한 탐구가 늘어나고 새로운 묘사형태가 등장하면서 '성적인 것'으로 간주될 수 있는 정의의 폭이 늘어났다. 프로이트는 1905년 「성이론에 관한 세 개의 글 Three Essays on the Theory of Sexuality」에서 동성애와 다른 '성적 이상자들 sexual abberations' 들에 관한 논의로 책의 서두를 시작했다. 그가 이런 식의 접근법을 택한 정확한 이유는 동성애자나 성적 이상자들이야말로 관례적인 성에 관한 사고를 변모시킬 수 있다고 믿었기 때문이다. 그는 라플랑쉬 Laplanche와 퐁탈리 Pontalis가 지적했듯 '성에 관한 전통적인 정의들을 질문하기 위한 무기' *5로 이들을 활용했던 것이다. 그가 내린 새로운 성의 정의 속에는 온갖 것들이 포함되었다. 뒤로는 유아적 성(가시적이지는 않아도 훨씬 중요한 의미를 갖는 외디푸스적 불안들을 위시해 젖가슴의 접촉, 장기의 수축, 생식기를 만지작거리는 것, 일반화된 감각적 성욕 등)에서 흘러나오는 극히 순진한 옹알거림부터, 앞으로는 보통의 평범한 이형체에 대해서뿐 아니라 오르가즘 심지어는 쾌락과 전혀 무관한 듯 보이는 은

밀한 현상에 이르기까지 광범한 인간 행동의 영역이 성의 정의 속으로 들어왔다. 그리고 바로 여기에 무한한 성적 다양성이라는 근대적 관점의 맹아가 존재하고 있었다. 하지만 이런 집요한 분류로 인해, '정상적인 것'이라는 과거의 통념이 재차 공고화되는 부정적 측면이 있기도 했다. 이성애자를 그런 식으로 논의하는 법은 거의 없었다(그리고 여전히 없다). 이성애자라는 용어 자체는 동성애에 대한 논의가 있은 연후, 그에 대응하는 말로 울며 겨자먹기식으로 등장했던 말이었고, 애시당초 그 말 뜻 또한 현재 우리가 양성애자로 부르는 이들을 지시하는 것이었다. 오늘날에도 여전히 그 용어에는 어떤 모호한 의학적 음조가 배어있고, 이 점 때문에 이성애자라는 말은 일상 대화에서 그다지 쓰이지 않는다. 여하튼 이성애의 근본적인 성격에 대해서는 한번도 면밀한 검토가 없었고, 그 탓에 이성애는 늘 당연한 위치에 머무를 수 있었다. 한편 도착이 생겨나게 된 원인에 대해 연이은 논쟁이 벌어지고, 도착 가운데서 가장 끔찍한 예까지 낱낱이 밝히고자 씨름하는 과정에서 불가불 도착의 병리적 성격, 퇴폐성, 광기, 질병, 병약성과의 연관성이 한결 강조되는 결과가 빚어졌고, 그에 대응하여 이성애적 관계의 정상성 또한 지속적으로 부각되어 버렸다. 그리고 이런 가운데 성 행동에 관한 20세기적 사유양식에 엄청난 영향을 미쳤던 병리적 성모델 the disease model of sexuality이 한층 공고화되었다.

이를테면 성의 의미를 확대시키고자 했던 프로이트의 시도를 살펴보자. 그가 주장하는 바에 따르면 도착이란 타당하다고 간주되는 관례적인 육체 영역들(예컨대 양쪽의 생식기)을 넘어선 영역으로 성적 행동을 **확대하고**, 이러저런 행동(이른바 전쾌락 forepleasure이라 불리는 것 즉 키스나 포옹, 빨기, 깨물기같은 것)을 **음미하는** (최종적으로 생식적 성에 도달하면 이런 성적 행동도 타당하다) 극히 단순한 행동에 불과하다. 하지만 만일 그런 행동들이 그 자체 계속 목표로 남아있게 될 경우 그 행동은 도착이 된다.*6 이는 매우 공정한 정의이기도 하고, 다른 정의에 의해 제시되는 것보다 포괄적이라는 면에서 훨씬 관대하기도 하다. 하지만 이런 접근방법 역시 성이 따라야 할 어떤 모델, 우리의 성행위가 지향해야 할 하나의 목표 그리고 그 결과 우리가 삶을 영유하는 방식에 대한 규범을 염두에 두고 있었다는 결론에서 벗어나기 어렵다.

프로이트는 초기 성과학자들이 지닌 양면성을 보여주는 흥미있는 전범이다. 왜냐하면 인정가능한 성의 범위 속에 도착을 포함시킬 때 다른 어느 누구보다 포괄적이었기 때문이다. 「세 개의 글 The Three Essays」이 내린 결론은, 도착이란 병들거나 부도덕한 소수집단의 독특한 속성이 아니라 우리 모두의 공통된 속성이라는 것이었다. 도착의 부정적인 negative 모습은 억압된 성적 소망들이 전위 轉位되어 나타난 신경증적 증후 속에서 드러났다. 그리고 도착의 긍정적인 모습은 전쾌락들, 거리를 배회하고, 병실과 감호실을 메우고 있는 명시적 도착자들을 통해 표출되었다. 도착-동성애나 수간을 포함한, 성적 대상의 측면에서의 일탈과, 쾌락을 생식기 이상으로 확대하는 성 목표라는 면에서의 일탈-은 우리 모두가 그 상속자들인 여러 가지 복합적 본능을 표현하고 있었다. 보편적인 다형도착성과 유아의 양성애성 속에서, 프로이트는 후일 사회학자들이 '우리의 공통적 일탈'이라고 지칭했던 것의 뿌리를 찾을 수 있었던 것이다.

> 겉보기에 건강한 사람이라고 해서 도착이라 지칭되는 것을 정상적 성목표에 추가시키지 못하는 것은 아니다. 그리고 이러한 발견의 보편성 때문에 도착이라는 말을 치욕스럽게 사용하는 것이 어째서 부적절한 것인지 그 자체로 충분히 입증된다.*7

하지만 사정이 이럴진대, 도착이라는 개념이 엄존하는 이유는 무엇일까? 프로이트가 지적했듯, '도착이라고 할 수 없다'는 바로 그 이유 때문에 동성애에 대한 정신분석학의 입장이 갈라지게 된다. 그 결과 동성애라는 개념 자체는 존치시켜 두더라도 동성애를 도착이라는 범주에서 완전히 제거하는 것이 몇몇 급진적 정신분석학 옹호자들 사이에서 관례가 되어 왔다. 하지만 프로이트가 동성애에 관해 논의할 때, 수년간 여러 형태로 제시했던 실제 관심을 꼼꼼히 살펴보면 모호함과 거부감이 스며들어 있음을 엿볼 수 있다.

일면 프로이트는 동성애라는 주제에 관해 제시되어온 성과학의 관례적

섹슈얼리티: 성의 정치

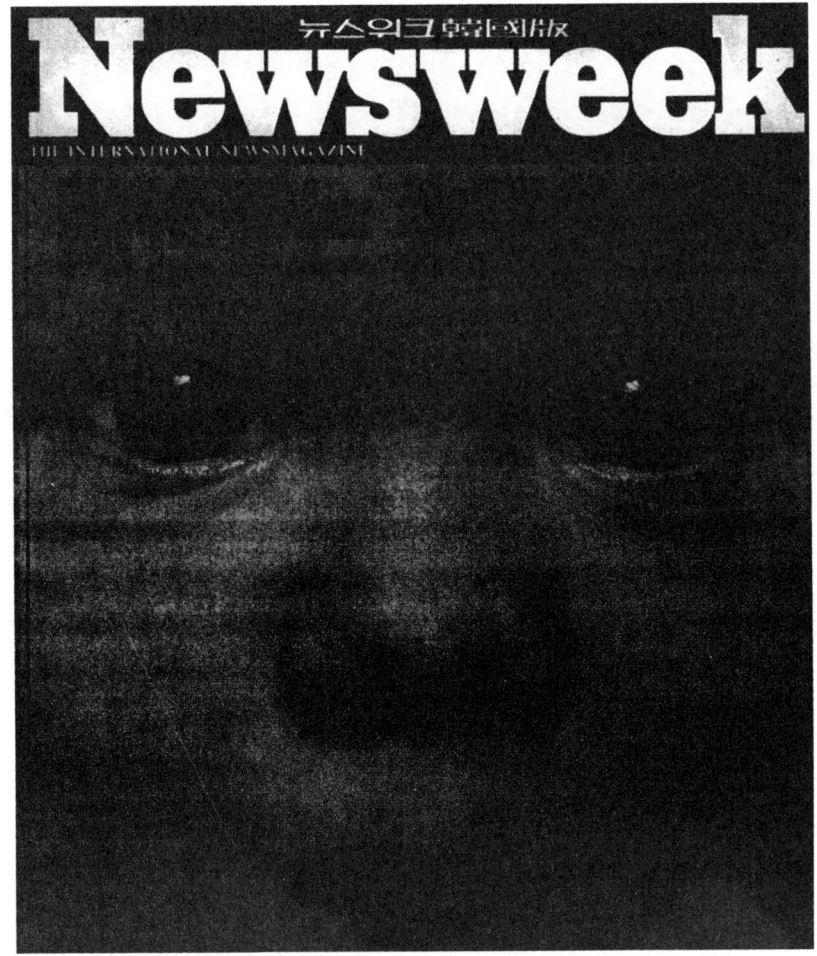

차이의 정치학. 그것은 차이를 가진 집단을 객관화하는 일이다. 그렇다면 이는 성의 정치에서 범람한다. 끊임없이 동성애를 생물학, 심리학 그리고 의학의 대상으로 삼아 그에 정체성을 선물하는 것.

입장을 주의깊게 검토하고, 이를 기각한다. 그는 동성애를 동성 파트너를 선택하는 것으로 환원하는 것은 이성애에 대해서도 똑같은 환원을 저지르는 것이라고 주장한다. 그 결과 그는 "정신분석학적 관점에서 여성에 대해 느껴지는 남성의 배타적인 성적 관심 또한 해명되어야 할 문제이다..."라고 주장한다.*8 동성애를 독자적인 현상으로 간주할 수는 없다. 대상 선택과 성기적 성행동이라는 면에서 동성애는 이성애와 연속해 있다. 나아가 프로이트는 레오나르도 Leonardo에 관한 글에서, 꿈이나 환상들에서 입증되듯, 누구나 동성애적 대상 선택을 할 수 있다고 말한다. 그리고 '봉쇄되고 재지향된', 좀더 다형적인 친교의 감정, 형제애나 자매애로 승화된 동성애적 감정은 프로이트의 집단심리연구에 중요한 요소였다. 성직계의 고결함과 수도사나 수녀들의 평정에서부터 군대 규율의 남성적 기풍에 이르기까지, 전체 단성 單性적 제도들은 어느 의미에서는 승화된 동성애에 의존해 있는 것으로 볼 수 있었다.*9 따라서 프로이트는 동성애는 '타락'-19세기에 즐겨 쓰이던 용어-의 표시라는 식의 생각과는 단호히 거리를 유지했다. 그가 보기에 이런 식의 주장은 순전히 '설명 대신에 가치판단과 비난'에 근거해 있었기 때문이었다. 또한 그는 '선천적인' 동성애와 '후천적인' 동성애 식의 구분-어느 누구보다도 하브록 엘리스가 즐겨썼던-이 '쓸모없고 부당한' 것이라며 거부했다.*10 이복남매간 이성애처럼 동성애 또한 전체 심리적 장치의 작동과의 관련 하에서만 이해될 수 있다. 동성애의 기원은 우리의 출생시 상태인 보편적 양성애성에서, 그리고 개인이 하나의 위태로운 '성적 정체성'을 획득하기 위해 거쳐야 하는 정신적 과정인 거세불안의 모험과 외디푸스 위기에서 찾아야 한다.

따라서 동성애는 질병이 아니었다. 그것은 '치료'가 필요한 게 아니었다. 동성애는 광범하게 존재하고 있었다. 그것은 형태상 많은 부분이 이성애와 연속해 있었다. 그리고 이성애처럼 그것은 하나의 상태가 아니라 각기 다른 행동, 욕구 그리고 욕망들로 이뤄진 배합물이었다.

우리가 여러 편의적 이유로 동성애라 총칭하는 것은 다양한 심리-사회적 금지과정에서 연원하는 것이다.*11

이제 우리는 명실상부하게 동성애가 탈신비화되어 있음을 보게 된다. 동성애는 벌레나 다른 미물처럼 더 이상 돌맹이 밑에 숨어있을 필요가 없다. 동성애란 어느 정도 평범한 현상이며, 우리 전체 삶의 일부이고, 지금은 과학적 이성의 빛을 쬐고 있다. 하지만, 하지만... 정신분석학 내부에서 그것이 어떻게 인식되었는가를 돌아볼 때, 또 프로이트 자신이 결국 그 주제를 실제로 어떻게 결산할 수 있었는가를 상기할 때, 사정이 그렇지만은 않다. 문제는 '금지'라는 용어에 들어 있다. 우리는 일정 정도 동성애를 합리적으로 해체할 수 있었지만, 한편으로는 하나의 성모델을 부여받게 됨으로써 정상적 발전유형을 가정하게 되었고 이로 인해 동성애는 삶의 선택인 것처럼 문제화되었다. 어느 나이어린 동성애자 어머니에게 보낸 저 유명한 편지글에서, 프로이트는 동성애는 악도 타락도 아니며, 그렇다고 질병도 아니므로 그에 대해 하등 부끄러워할 게 없다고 단언한다. 하지만 그는 바로 그 뒤에 이렇게 덧붙이길 잊지 않았다. "우리는 그것이 성발달 저지로 인해 생겨나는 성기능의 변종이라고 생각합니다."*12 바로 거기에 난점이 도사리고 있었다. '발달'이라는 용어는 적정의 목적을 결과로 가정하고, '저지 arrest'라는 용어는 인위적인 장애물을 가정한다. 프로이트에게 있어 유아기에서 성숙한 성인의 성으로 성장하는 것은, 원시적인 난교 및 도착에서 일부일처제적 이성애로 변화해가는 전체 종의 (가설적) 발전을 반복하는 것이었다. 이는 진화의 산물일 뿐 아니라 문화적 규범의 산물이기도 했다. 희소성의 세계에서 생존을 유지하기 위해 어쩔 수 없이 자신의 무한한 욕망을 단념해야 한다는 점이 인간의 비극적 운명이었다. 종 그 자체가 그렇듯 개별 인간들도 생존을 위해 '생식 구조의 전제 專制'를 따라야만 했다. 하지만 적절한 대상 선택이라는 것은 의지적 행위라기보다는 문화적 요구일 터이다. 따라서 결국 이성애적, 재생산적 규범이 프로이트 설명 속에 재차 끼어들게 되었던 것이다. 아무리 은밀해도 일단 성에 대한 목표지향적 해석이 도입되면, 힘들여 구축한 성적 다양성에 관한 전체 체계가 위태로워지기 시작하는 것이다.

프로이트에게 있어 '도착'이라는 용어는 그 누구든 일생동안 모면할 수 없는 삶의 단면이라는 엄격한 기술적 의미를 지니고 있었다. 그리고 동성애의 경우 이것이 그 자체 목적이 되고, '성숙한 성(이성애적이고 생식적인 성-역자)'으로의 발달경로가 봉쇄될 때에 한해서 하나의 문제로 된다. 하지만 도착이라는 의미로부터 그에 결부된 폭넓은 도덕적, 정치적 의미들을 분리시키기란 매우 어려운 일이다. 다시금 사법적 가치들이 사이비 중립적인 의학 담론 속으로 들어올 수 있도록 문틈이 열려 있었고, 그 틈 사이로 헤집고 들어온 많은 포스트프로이트주의자들 post-Freudians은 그 문을 활짝 열어놓았다.

그리하여 예를 들면 프로이트의 가장 충직한 지지자 중 한 명이었고 또 그의 전기작가이기도 했던 에른스트 존스 Ernst Jones같은 이는, 프로이트가 레즈비언 환자에 대해 너무 관대했다고 비난하며, "이성애적 만족으로 향하는 길이 열리게 되면 많은 것을 얻을 수 있다..."고 응수했다. 동성애 자체는 병리가 아니라는 생각을 버리는 데 줄곧 망설였던 포스트프로이트 주의자들은, 심지어 보편적 양성애라는 프로이트의 핵심 개념조차 고물 취급했다. 소캐리데스 Socarides는 이성애가 자연적 상태라면 동성애는 이의 파생물이라고 생각했다. 그는 환자들의 유별난 저항 가운데 하나가 그들의 혼란을 '정상적 성형태'라고 고집부리는 데 있다고 말하면서, 예의 그 관점은 처음부터 다시 해명되어야 한다고 주장한다. 엘리자베스 모버리 Elizabeth Moberly는 "이성애는 인간 발달의 목표..."라고 말한다.*13 이런 논평 속에서 우리는 전프로이트적 도덕주의로의 회귀를 목도하게 된다. 물론 이때문에 프로이트가 직접 비난받아야 할 대목은 거의 없다. 그럼에도 불구하고 그런 입장들의 맹아는 사실 프로이트 자신의 저작에 내재된 모호함들로부터 파종된 것이었다. 그는 여러 차례 동성애가 비정상성, 부조 不調 disorder, 병리이며, 남성동성애는 '여성으로부터의 도피 flight'라고 언급하였다. 그리고 사실 그는 이따금 전혀 주저없이 동성애를 도착이라 서술했다. 이는 절대 놀랄 일이 아니다. 결국 도착이 될 소지가 우리 모두에게 현존한다 아무리 강변해도 발달이라는 개념에는 이미 하나의 규범이 내포되어 있었기 때문이다.

성과학의 정초자들-그리고 이 점에서 프로이트가 가장 급진적인 성과학자 중 한 명임에는 이의의 여지가 있을 수 없다-은 좀체 헤어나기 어려운 전일적 성모델을 구축하였다. 그들은 이성애적, 생식적이며, 전반적으로 남성적인 행동규범을 제시했고, 그 속에서 여성의 성은 항상 이차적이고 남성의 성에 대한 대응물로서 정의되었다(이러한 접근은 도착이라는 개념에 대해서도 적용되어야 한다는 점을 덧붙여야 할 것이다. 플루머가 언젠가 지적했듯 성적 일탈의 영역은 주로 남성적 욕망이란 견지에서 해명되어 왔다).*14

여성의 부정한 행동은 규범에 따라 남성적 능동성과 여성적 수동성이라는 이원화된 상에 끼워맞춰졌다. 가장 통상적으로 인식되는 여성의 성일탈에는, 매춘이나 포르노그라피를 통해 남성에게 봉사하는 것 혹은 (강간에 을 설명한답시고 제시되는 치사하기 짝이 없는 설명에서 비치는 것처럼) 남자를 '꼬시는 짓 provoking' 등이 있다. 그리고 여성의 성적 이형태 가운데 가장 일반적인 형태인 여성동성애는 전적으로 남성동성애로부터 유추, 설명되었다. 한편 마음만 먹으면 멋대로 지칭될 수 있는 도착자들, 일탈자들 따위의 목록이 끝없이 늘어났다(그리고 이 목록으로부터 다른 여러가지 성은 주변화되고, 또 종국에는 병리화된다). 도착이라는 언어는 성의 세계를 정상적인 것과 비정상적인 것, 선택받은 것과 저주받은 것으로 나누어 놓았다. 하지만 세인들이 실제로 이들과 해후할 기회란 거의 없을 것이다.

다양성의 담론

"다양성이라는 통념은 최근 서구 문화의 호주머니들 pockets 속에서 자라난 보다 온건하고 관용적인 분위기를 감싸안고자 한다"[15]고 켄 플루머는 말한 바 있다. 하지만 도착이나 도착자같은 용어들이 대중의식으로부터 전반적으로(심지어는 눈꼽만큼도) 사라지지 않았음을 지적해야 할 것이다. 성적 이단을 냉혹하게 공격하고('우리는 도착자들을 사랑하지만 도착은 증오한다' 운운), 여전히 신 우익이라는 도덕의 십자군들이 활개치는 사회적, 정치적 여건을 코 앞에 두고, 점차 성적 다양성이 수용되는 문화로 이행하고 있다 너스레떨기란 어렵다. 정말이지, 아직은 '호주머니들' 속에서나 그렇다! 하지만 이론적이고 정치적인 두 개의 관건적 영역 속에 다원성이라는 담론이 머리를 내밀고 있고, 이는 의미있는 문화적 효과를 미치고 있다.

첫번째 영역은 성과학 영역 그 자체이다. 일면 그것은 일찌기 1930년대에 하브록 엘리스가 스스로 말했듯, 눈가리고 아웅하는 식의 말바꾸기일 수도 있을 것이다. 엘리스는 '도착'이라는 용어는 "완전히 시대에 뒤떨어지고 해악적이며, 거부되어야만 한다"고 주장했다.[16] 그래서 그는 좀 덜

열띤 (여전히 이데올로기적인 의미가 담겨 있긴 하지만) 용어인 '성적 일탈 sexual deviations'이라는 대용물을 제시했고, 이 말은 지난 40여년 간 사회학적 논의에서 일상적 용어로 자리잡았다. 그런 용어상의 변동에는 중대한 변화가 담겨 있다. 이른바 성적 다원주의의 인정 그리고 게일 루빈 Gayle Rubin이 '긍정적인 성적 이형태 benign sexual variation' *17라는 개념으로 지칭했던 것이 대두한 것, 이것이 바로 그 변화이다.

  이러한 새로운 접근방법의 씨앗들은 성과학 정초자들의 탐구에 의해 이미 튼튼히 뿌리를 내렸었고, 그 연약한 씨앗들은 유아의 공통적 다형도착성이라는 프로이트적 주장을 섭취하며 무럭무럭 자라났다. 또 몇몇 근대적인 논자들이 욕망의 다형성, 다면성을 찬미하게 됨에 따라 이 입장은 근사한 논리적(때로는 도덕적 무정부성을 띠기도 한) 결론을 얻어내기도 했다. 그렇지만 프로이트를 열외로 친다면, 공적 논의를 획기적으로 전환시킨 핵심 인물은, 단연 킨제이다. 킨제이는 프로이트의 공론들을 얼마간 주저스레 인정하긴 했지만, 통상적 논의는 물론이고 과학적 논의에서도 거의 표명된 바 없던 하나의 생각 즉 섹스는 그것이 설령 어떤 형태를 취한다고 해도 인정될 수 있는 정상적인 생물 기능이라는 엄청난 주장을 던졌다. 나아가 그는 동성애적 감정들때문에 노심초사하던 한 소년에게 "내가 생각하기에 비정상적인 것이라고 간주할만한 (성적-역자) 분출형태는 생물학적으로 존재하지 않는단다. 생물학적으로 옳은 것과 그른 것은 존재하지 않기 때문이지"라고 글을 써보냈다.*18

  킨제이의 주장들은 여전히 역력히 자연주의적 성전통의 체계 속에 자리잡고 있었고, 그런 형식적 구속성 때문에 부득불 회의의 시선을 피할 수 없었다. 그래서인지 오늘날 킨제이식 주장의 메아리는 사회학자들이나 역사학자들의 글보다는 성적 이형태들에는 발생적 기능성 genetic functionalism이 존재한다고 강변하는 사회생물학자들의 생각 속에서 더 흔하게 찾아볼 수 있다. 하지만 킨제이식 주장 그 저변의 메시지는 현재의 논의에 결정적으로 작용하고 있다. 몇몇 주류 성과학자들은 오늘날의 다양한 성 패턴들을 서술할 때, '도착'이라는 용어를 사용하는 데 별반 거리낌이 없다. 최근 도착이라는 주제에 관해 씌어진 글 가운데 제법 비중있는 한

연구 (로버트 스톨러 Robert Stoller) 속에서, 도착은 '증오의 성애적 형태'로, 즉 행위들(도착들 the perversions)이 아니라 만족스러움, 적의 따위로 정의된다. 이에 반해 특정한 인격적 유형을 기술하기 위한 '도착자'라는 용어는 성과학 논의에서 전적으로 금지되고 있다. 여기에는 "우리는 여전히 인간의 성행동의 메카니즘이나 원인들에 관해 거의 아는 바가 없다는 점을 상기하는 것이 중요하다..."고 인정하는 한층 새롭고 환영할만한 중용적 태도가 담겨 있다.*19 그리고 그러한 중용의 태도는 범주짓기식 입장들에 비판적으로 작용한다.

하지만 성적 다양성의 원인들에 관해 알려주는 것은 별반 없어도 그것의 여러 형태 그리고 그것의 분포에 관한 정보는 상당히 늘어났다. 이것은 비록 생물학주의라는 혐의를 가지기는 해도 실질적으로 킨제이의 공헌이다. 주로 그가 집필한 두 권의 방대한 저술, 「남성의 성행동 Sexual Behaviour in Human Male」과 「여성의 성행동 Sexual Behaviour in Human Female」 그리고 그로부터 고무되어 세상에 선을 보인 숱한 글들은 내용 면에서 방법론적인 문제점들을 안고 있었고, 또 표본추출에서도 불충분했으며, 또 그들 자신의 무의식적 편견들로 뒤범벅되어 있었다. 하지만 그와 그의 동료들이 면접했던 수천 명의 인물들은 미국인의 성생활을 조감하기에 전혀 손색없는 통찰을 제공해주었다. 또한 당시까지 조사 가운데 최다수에 대한 조사를 바탕으로, (그 표본의 대표성이 의심스럽고 또 그 백분비가 과장된 것이기는 했을지라도) 남성 표본 가운데 37퍼센트가 다른 남성과 오르가즘에 이르는 성적 접촉을 맺은 바 있다는 점을 밝힘으로써, 동성애적 행위는 더 이상 무시해도 좋을 병적 소수집단의 병리적 증후로 간주될 수 없었다. 적어도 동성애는 미국인들 상당 부분의 공통 현상임에 의문의 여지가 없었다. 동성애가 이럴진대 수간에서 소년애, 사도마조히즘에서 포르노그라피 편집광에 이르는 다른 광범한 성적 집단 역시 그럴 가능성이 다분했다. 킨제이는 성행동의 다양한 변종들에 큰 흥미를 느꼈다. 그는 같은 마을에 살고 직장도 같으며 사회적 활동도 비슷비슷했지만 성생활의 면에서는 전혀 다른 생활을 누렸던 두 남자의 사례를 즐겨 인용했다. 그가 면접조사했던 그 두 남자 중의 한 명은 삼십년 동안 딱 한번 사정을 했던 데 비해, 다른 한 명은 주당 30회의 사정을 했다고 한다. 무려 둘 사이에는 4만 5천 회나 되는 차이가 있는 것이다. 이는 킨제이에게 있어 계급, 성별 그리고 인종의 분할이 교차되면서 만들어지는 숱한 사례 가운데 하나에 불과했다. 이로부터 매우 중요하고 넓은 영향력을 미친 사회학적-그리고 정치적인-주장이 도출되었다. 킨제이는 이렇게 말하였다.

> 공적인 체하는 도덕적 약호체계, 우리의 사회조직들, 우리의 결혼 풍속들, 우리의 섹스법칙들 그리고 우리의 교육체계, 종교체계는 개인들 대부분이 성적으로 엇비슷하고, 그들 모두 습속대로 하나의 유형에 자신들의 행동을 한정시킨다고 극히 안일하게 가정해왔다.[20]

하지만 사람들이 실제로 상당히 다르고, 서로 다른 욕구, 욕망 그리고 행태를 지닌다면? 그렇다면 그 논리적 간극은 도덕적 약호체계들과 성행태 사이의 폭을 통해 드러날 것이고, 이는 성전통에 대한 절대주의적 확신들을 혼란에 빠트릴 것이다. 따라서 결국 킨제이의 주장은 규범적 규제에 대한 잇단 비판의 출발점으로 애용되었다.

주류 성과학 내부의 전환의 결과, 다원성을 인정하는 이론적 체계가 마련되었다면 그 정치적 힘은 다른 원천 즉 성적 소수집단들 자신들로부터 생겨났다. 우리는 앞에서, 적어도 19세기 이래 대다수의 산업사회들에서 여러 하위문화와 사회공동체들이 증식되면서 독특한 레즈비언 및 게이 정체성들이 표출, 발전되어 왔다고 지적했다. 남성동성애적 생활양식이 더욱 공공화되고 또 패기만만해지자, 그에 부응하여 다른 소수집단도 자신의 성적 정체성을 주장하기 시작했다. 게일 루빈이 주장했듯, 남성동성애라는 모범은 다른 성애집단이 자신의 활동을 위한 전범이자 조직형태의 지침이 되었다.[21] 복장도착자들, 이성전환증자들, 소년애자들, 사도마조히스트들, 물신숭배자들, 양성애자들, 매춘부들이 목소리를 내기 시작했고, 자기 표현의 권리와 정당성을 소리높혀 주장했다. 크라프트 에빙의 법의학 관련 문헌들에서 드러나는 도착자들의 우물대는 이야기들, 그들이 성전문가들에게 털어놓는 자신의 가장 내밀한 비밀들은 이제 의료문헌의 울타리를 벗어나 역사라는 무대, 성적 다원성을 보여주는 생생한 증언 속으로 자리를 옮기게 되었다.

이러한 새로운 성적, 사회적 정체성들은 처음부터 이미 윤곽지워져 있는, 또 성과학자들 자신들이 주의깊게 밝혀놓은 지형 위에서 생겨났다. 하지만 킨제이 스스로 밝혔듯이, 그러한 범주들을 발명하고 여러 실재 사실들을 범주라는 개개의 간막이 속으로 구겨넣는 것은 다름아닌 인간의 사고이다.

성과학은 이단자들을 묘사, 분석하는 언어를 구성하는 데 톡톡히 역할하였다. 의학전문가와 공생적 관계를 맺음으로써(엘리스처럼 그들 중 다수가 의사수업을 받았다), 초기 성과학자들은 그럴싸한 병리적 성모델의 발명에 단단히 기여하였고, 그 모델의 효과는 아직도 우리에게 남아있다. 하지만 그들의 그 조잡한 창작물들은 그들만의 발명품이 아니었다. 그 창작물들은 복잡한 사회적 과정의 산물이며, (성과학이 비록 중요한 부분을 차지했지만 결정적인 역할을 할 수 없었던) 일련의 사회적 정의와 자기 정의의 산물이었다. 더우기 성과학의 언어가 스스로 성전통의 여러 공리에 대해 회의하기도 했다는 점을 간과해선 안될 것이다.

나는 이 장을 시작할 때 몇 가지 말을 상기시켰다. 세 개의 다른 말-'소돔놈들 sodomies', '동성애자', '게이 gay'-들은 현재의 사태전개를 일목요연하게 상징한다. 1950년대와 60년대에 '게이'라는 자기묘사법이 광범하게 등장한 것(맨먼저 미국에서)이, 정치화된 성적 정체성의 대두에 새로운 결정적 단계를 나타내는 것처럼 19세기 후반부터 '동성애자'라는 용어가 점차 확산된 것은 기독교도들 사이에서 입에 올릴 수조차 없던 정죄의 어휘인 소돔놈들이라는 용어법에 상당한 균열이 생기기 시작했음을 의미한다. '소돔놈들'은 중세 도덕의 숨막히는 어조들로 뒤덮혀 있다. 사실 그 용어는 모호하기도 했다. 그것은 특정한 성행위 유형을 실행한 사람들을 의미했기 때문이다. 이를테면 수간이나 항문성교 말이다. 다른 한편, 남성동성애자라는 용어는 특정한 성적 인간형 type of sexual person을 나타내는 이름이었으며, 단순히 명칭 변화에 머무르지 않고 인격화된 삶의 이력(나약한 아버지, 강한 어머니 혹은 때때로 난폭한 아버지와 순종적인 어머니),

4장. 다양성의 도전

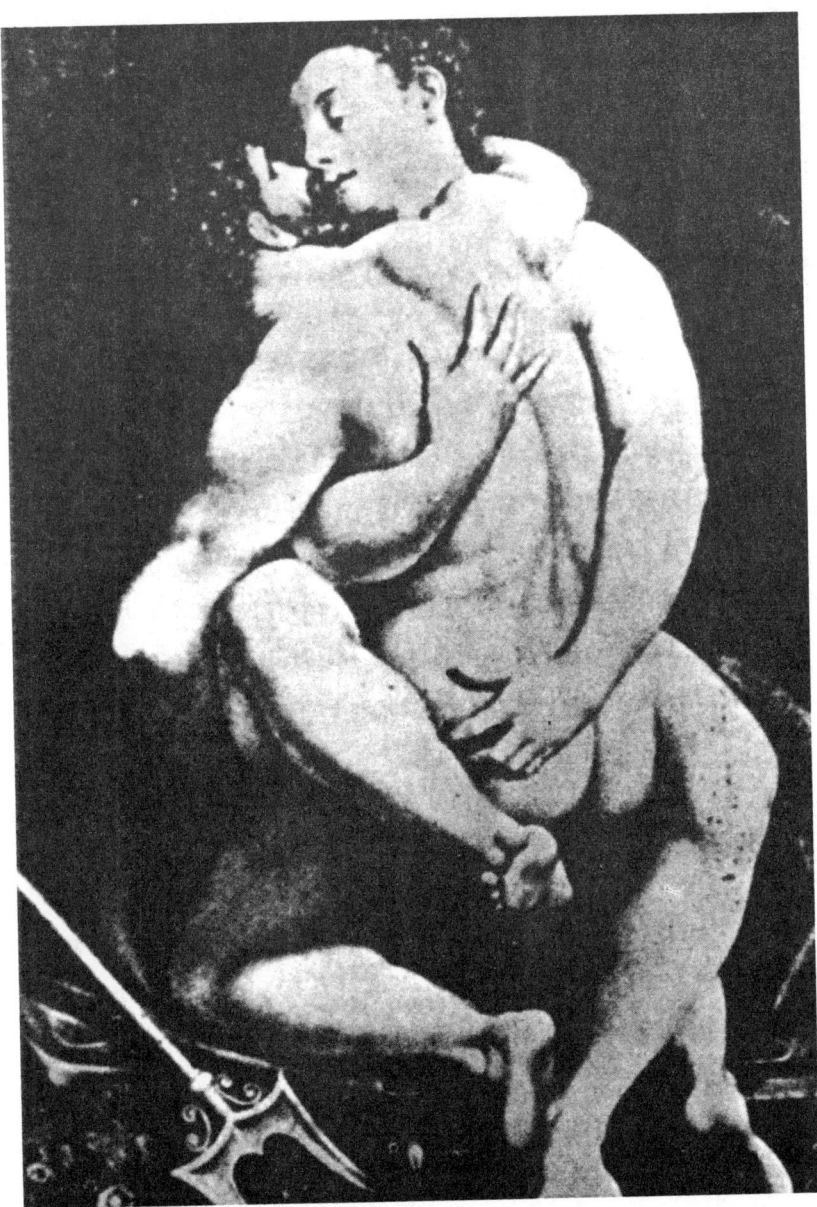

타인을 배려하는 사랑의 기술. 그 속엔 자신과 다른 성의 인물이 끼어들 수도 있다. 구별에 따른 부정적 사랑의 지배 이전, 존재의 긍정으로서의 사랑이 있었다. 물론 그 이름은 동성애가 아닌 사랑이었다.

육체적 특성(남자라면 큼직한 엉덩이와 고음, 여자라면 남성적인 외모에다 콧수염 따위), 쇠약함의 징후들(휘파람을 못부는 것, 아이들을 좋아하지 않는 것 등)등 세세한 정의가 덧붙여졌다. 의학적 담론의 묘사 대상이 되었던 당사자들 대부분이 그런 묘사법 속에서 자신을 충분히 혹은 전혀 긍정할 수 없었던 것은 당연한 일이었다. 하지만 그들은 의학적 담론을 통해 자신의 존재를 정당화할 수 있었고, 또한 그런 명명을 통해 동일 부류의 사람들이 다수 존재한다는 점과 -자신이 절대 유별난 인간이 아니고-(왜곡되었지만) 공인받는 성의 명부 canons에 자신이 입적되어 있음을 확인하기도 했다. 그리하여 자기 표현을 위한 새로운 언어-'전도된', '천상의 uranian', '제3의' 혹은 '중간적인' 성-가 등장했고, 이 언어들은 확정적이고 근대적인 자아 인식의 맹아적 혼돈을 비춰주고 있었다.

금세기 남성 및 여성 동성애의 역사는 자신들의 타당한 성적 정체성을 추구하는 탐사의 여정으로 특징지워진다. 그리고 그 과정에서 각양각색의 집단들은 서로 다른 행동방식을 찾아냈다. 사전설정된 목표란 없었던 것이다. 성별, 지리적, 인종적 차이에 따라 분화된 여러가지 정체성이 만들어졌다. 하지만 그럼에도 불구하고 외견상 하나의 견고한 정체성이 여전히 남아있었다. 범주화와 자기 낙인 self-lablings 즉 사회적 정체성을 만들어내는 과정은 통제와 제한 그리고 금지를 낳기도 하지만, 동시에 플루머가 주목했듯, '위안과 안정 그리고 자신감'을 심어주기도 한다.*22 한편 인격적 정체성에 관한 안정된 이해를 얻고 그에 소속되기 위해서는 다음의 전제조건들 즉 광범한 사회적 연결망들이 발달하고, 성적 차별에 대한 집단적 해결책들을 찾아냄에 있어서나 성적 공동체들을 집단적으로 구축함에 있어서나 일정한 발전이 전제되는 등 조건이 두루 갖춰져야 한다.

특유한 성적 하위문화들이나 공동체들이 등장하게 된 것은 20세기의 특징적인 전반적 과정, 요컨대 사회적 복합성과 분화의 심화과정의 일부분으로서, 이를 통해 성별과 성체험의 다양성은 물론 계급적, 종족적, 인종적, 문화적 형태에 있어서도 새로운 다원주의가 창출되었다. 그리고 이런 분화과정을 통해 성적 정체성의 복합성은 두말할 것도 없고, 전혀 새로운 사회적 갈등과 적대의 형태가 만들어졌다. 19세기 후반 이후 산업사회 전역에서 일련의 동성애 권리운동 집단이 대두하고, 성개혁운동 내부에서 정치화된 성적 정체성이 자리를 굳히기까지는 성적 소수집단이 자신들의 처지를 변화시키고자 벌인 지속적인 투쟁의 역사가 숨어 있었다. 그리고 이러한 투쟁은 소수집단들이 변화하는 성적 규제의 유형들과 성적 규범에 대한 저항의 유형에 보조를 맞추어가는 것이기도 했다.

성적 하위문화와 공동체가 성공적으로 등장하기 위해서는 다섯 가지의 요인이 필요하다.*23 동일한 처지에 놓인 다수자의 존재, 지리적 집중, 일치된 저항 목표, 사회적 위치에 있어 급작스런 사태들이나 변화의 발생, 지속적으로 체득된 목적의식으로 무장한 지적 지도집단 등이 바로 그것이다. 이들 각각은 동성애운동의 역사에서 항시 존재해왔고, 이것이 바로 여느 성적 소수집단들에 비해 동성애운동이 두드러져 보이게 된 연유였다. 이미 19세기 후반경 자신이 동성애자임을 인식한 다수의 남성들이 있었고, 그들은 계속 자신들의 하위문화를 만들어갔다. 레즈비언집단들은 아직은 좀더 맹아적이기는 했지만, 북미와 유럽 여러 도시에서 나름의 정체성과 사회적 연결망을 발전시켜 나갔다. 이들은 1898년 독일에서 설립된 마그누스 히르쉬펠트 Magnus Hirshfeld의 과학적 인도주의자 위원회 Scientific-Humanitarian Committe나 1차 대전 전야에 설립된 영국과 여타 지역의 소규모 성개혁기구같은 여러 조직체들이 등장하는 데 밑거름이 되었다. 하지만 정치 정세가 변함에 따라 이들 조직의 운명도 동요되었다. 한때 세계 최대였던 독일 동성애운동은 1930년대에 나치에 의해 사실상 와해되어 버렸다. 그렇지만 1950년대경, 이번에는 미국에 기반을 둔 새로운 선도조직이 생겨났다. 매카시주의자 the McCarthyite들이 성일탈자에 대한 마녀사냥에 나서고 전후 수십년간 남성동성애자와 레즈비언들이 꾸준히 확대시켜온 하위문화가 번창하던 1950년대 상황에서, 매타친 협회 Mattachine Society나 빌리티스의 딸들 the Daughters of Bilitis같은 조직체가 설립되었던 것이다. 1970-80년대 미국의 대중적 게이 및 레즈비언 운동의 등장을 추동한 것은 뉴욕이나 샌프란시스코같은 도시에서 훌륭한 게이공동체들이 등장하고, 1960년대 후반에 새로이 정치화된 '게이 해방주의자들 gay liberationists'이 이와 결합함을 통해서였다. 그리고 이는 하나의 전범이 되어 지역적 조건이 허락되는 곳이면 어떤 나라에서도 이를 따라 다양한 게이해방운동이 출현하게 되었다.

동성애자들이 발언권을 가지게 한 조건들이 다른 집단에도 항상 존재했던 것은 아니었다. 소년애(아동에 대한 성적 유혹)의 경우, 그것에 붙어다니는 강력한 낙인 그리고 (논란의 여지는 있지만) 그것과 아동 성학대와의 완강한 동일시때문에 소년애 옹호자들이 실질적으로 어떤 하위문화를 발전시키고 안정적인 조직체내에서 장기적으로 한 목소리를 내거나 집단적인 단결을 도모하기란 난망한 일이었다. 미국의 NAMBLA(북미소년애협회 North American Man Boy Love Associations)나 영국의 PIE(소년애정보교환모임 Paedophile Information Exchange)같은 독특한 조직들은 태도 변화를 도모하기 위한 사소한 활동에서조차 사회적 비난에 시달렸고, 끊임없이 경찰의 주시를 받아야 했다. 이에 덧붙여 소년애에 대한 사회적 적대감, 아이가 차츰 성장한다는 사실에서 비롯되는 많은 소년애적 관계의 일시적 성격 그리고 어른과 아이 사이의 이해관계에 있어서의 편파성 등 역시 소년애자들이 쉽사리 안정적인 사회공동체를 구축하지 못하도록 막았던 관건적인 요인들이었을 것이다. 사도마조히즘적인 성행위(이하 SM으로 줄임-역자)의 옹호자들은, 비록 여러 서구 도시들에서 독자적인 지원 연결망과 소규모 하위문화를 발달시키긴 했지만 수적으로 한정되어 있었던 탓에 대규모 운동을 전개시키기가 어려웠다. 또한 SM적 행위의 장단점을 둘러싸고 여성해방운동과 게이, 레즈비언 운동 양자가 첨예하게 의견대립을 보이게 됨에 따라, SM은 여러 급진운동 내부에서 주요한 성정치적 쟁점으로 떠올랐다. 또한 복장도착자들과 이성전환증자들의 경우도 여성해방운동과 게이, 레즈비언 운동을 분열시키는 요인으로 작용했는데, 이번 경우에는 성행위에 대해서보다는 현존하는 성별관계의 상투형을 영속화시킨다는 주장이 문제가 되었다. 매춘부들과 (포르노그라피, 스트립 클럽에서 종사하는) 다른 업태부들 sex-workers 역시 성정치조직에게 문제적인 것으로 되었다. 이를 테면 상업적인 성활동 영역에 종사하는 것이 타당한가의 문제와 남성적 환상(이는 빈번히 폭력과 타락에의 욕망을 유인한다)에 봉사하는 여성들에 관한 문제가 이에 속한다.

하지만 게이 및 레즈비언 집단들의 모델에 따라 정치조직이 등장하기 위한 조건이 다르기는 했어도, 산업사회 여기저기에서(산업화와 도시화의 결과로) 성을 둘러싼 새로운 '이해공동체들 communities of interest' 이 등장하게 되었고, 이 공동체를 통해 이러저러한 성적 정체성이 견고화되었다. 이제 정상성이라는 이름의 거대한 대륙을 둘러싸고 있는 '난잡함 the disorder' 의 군도는 더 이상 존재하지 않을 것이다. 대신 이제 우리는 서로 끊임없이 움직이고, 각각 자신의 독특한 증식방법과 지리학 geography을 가진 크고 작은 섬들의 군집체를 마주하고 있다고 장담할 수 있다. 과거의 성적 취향들이 하위분화되면서 세분된 취향이 만들어지고 있고, 특정한 습성이나 욕구들이 여러가지 성정체성의 바탕이 되고 있다. '분방한 swinging' 커플들, '버치 butch 와 펨 fem' 레즈비언들, SM 게이들, 가죽옷 레즈비언들 leather dykes과 데님 퀸즈 denim queens(청바지를 즐겨 입는 여장남자들. 여성전환증자들 중 매우 빼어난 미모를 갖춘 남자들은 드랙 drag이라 불린다-역자)... 각자의 독특한 욕망이 정치적 주장의 요건이 되고 사회적 정체성의 가능성을 이루게 됨에 따라 이러한 목록은 끝없이 이어진다.

이로부터 수많은 문제들이 제기된다. 즉 각각의 욕망 형태들이 동등한 타당성을 지니는 것일까. 각각의 하위분화된 욕망의 형태들이 성정체성과 사회적 정체성의 기반이 될 수 있을까. 성정치학 논의에서 이러저러한 정체성이 각기 동등한 비중을 갖는다고 주장할 수 있을까. 그렇다면 이성애적 정체성이란 무엇인가 등등. 그리고 우리가 다원성이라는 고매한 담론을 옹호한다는 구실로 도착이라는 범주를 통째 거절한다면 좋은 것과 나쁜 것, 적절한 것과 부적절한 것 그리고 감히 얘기해 보자면, 도덕적인 것과 비도덕적인 것을 무슨 수로 구분할 수 있을까? 다원성을 인정한다고 해서, 성전통에 의해 제기되는 여러가지 난문들이 저절로 해결되는 것은 아니다. 그것은 단지 또다른 새로운 의문을 제기할 뿐이다.

범주의 해체 deconsructing categories

우선 지적할 점은 성적 다양성이라는 주지의 사실로부터 굳이 다원성의 규범이 생겨날 필요는 없다는 점이다. '전통적 가치들' 로의 회귀를 선도하고 그를 강화시키기 위해 분투하는 사회도덕론자들의 모습은 적어도 일부 집단이 보편적 성적 규준을 부활시키기에 여념이 없음을 보여주고 있다. 또한 그런 절대주의적 소망들이 성적인 문제에 한정된 것도 아니다. 한편 일부 여성해방운동가들, 성급진주의자들, 더 크게는 자본제적/부르주아적/남성지배적/이성애주의적/사회-말이야 많다-의 부패 요소들을 마침내 근절시킬 '새로운 도덕'을 추구한다는 좌파진영 가운에서도 예의 경향들이 존재한다. 더욱 문제인 것은 성적인 피억압자이면서 그에 대해 발언하는 성적 소수집단들 내부에서조차 거의 의견일치가 되지 않는다는 사실에 있다. 포르노그라피는 남성 폭력의 일부분인가, 아니면 성차별주의적 사회의 일반적 반영인가, 그도 아니면 무해한 것인가? 이성전환은 성별 상투형 gender sterotypes의 전제에 대한 반기인가, 아니면 성분할과 상투형들에 대한 굴복인가? 사도마조히즘은 폭력이라는 위험천만한 환상에 잠식되는 것인가, 아니면 단지 성애화된 권력관계를 무해하게 표출하는 것에 불과한가? 이런 의문들과 기타 수많은 의문들이 근년 성정치학의 여러 차원에서 핵심적인 논제로 떠올랐다. 이 문제들은 타당한 행동과 부당한 행동의 여부를 결정할 때 그 기준의 문제적 성격을 제고하도록 환기시킨다는 점에서 매우 중요하다.

성전통은 기본적으로 두 개의 입장을 제시한다. 즉 성은 근본적으로 위험하고, 단 적절한 통로를 통해 배출될 때에 한에서 용납될 수 있다(일반적으로 부부 사이의 생식적인 섹스)는 입장과, 성은 기본적으로 건전하고 선한 것이지만 부패한 사회에 의해 억압, 왜곡되고 거부당해왔다는 또 하나의 입장이 바로 그것이다. 하지만 내가 이 글에서 주장했던 것처럼 제3의 접근방법도 있을 수 있다. 즉 성은 단지 사회적 관계들 속에서만 의미를 획득하는 것이며, 사회적, 정치적 맥락을 이해하는 경우에만 성에 대한 적절한 선택이 가능하다고 생각할 수 있다. 이러한 발상은 수백년 동안 성이론을 지배해 왔던 '행위'의 도덕에서 벗어나, 맥락과 의미들을 고려하는 새로운 관계적 접근방법 relational respective을 지향하고자 하는 결정적 전환과 관계되어 있다. 우리는 죄악인가 구원인가, 도덕인가 배덕인가, 정상인가 비정상인가의 여부는 여전히 행위 여부에 달려 있다고 믿는다. 이런 식의 생각은 중세의 기독교적 율법, 그 중에서도 이성애적 강간이 수음이나 상호 합의에 의한 남색 sodomy보다 우월한 가치에 있다고 선언했던(왜냐면 앞의 경우 생식적인 반면, 뒤엣 것은 불임성이었기 때문이다) 여러 율법들 속에서 애지중지되었다. 그 속에 재생산에 부여한 우월성은 일종의 가치 위계를 나타냈다. 20세기 후반에 사는 우리들 역시 짐짓 관대한 척 하지만 여전히 몇몇 행위가 다른 행위보다 내적으로 우월하다는 가설을 타당시한다. 더우기 우리는 지금 이러한 위계성을 공증하고자 할 때, 자연, 생물학 혹은 성과학을 턱없이 신뢰한다. 항문성교는 이제 더 이상 기독교도들에게 극악한 범죄행위가 아니다-비록 영국에서는 그것이 여전히 기혼 부부들 사이에서 불법적인 성희기술이기는 하지만. 간이역 서적가판대에서 쉽게 구할 수 있는 서적, 잡지, 신문들은 수음을 권장하기도 한다. 이런 식의 상승효과가 나타나게 된 것은 이른바 과학적 검증, 보다 일반적으로는 일사불란한 캠페인의 지지를 받았던 도덕적, 정치적 변화의 결과이다. 1974년 미국정신병리학협회 the American Psychiatric Association*24가 동성애 항목을 질병목록에서 삭제하도록 이끈 것은 전투적인 동성애자 조직이었다. 지난 수백년간 여성해방운동가들과 여타 집단들이 벌인 열정적 캠페인은 세대간 섹스, 포르노그라피 그리고 매음에 관한 인식을 여러모로 변화시켰다. 하지만 몇몇 행위가 다른 행위보다 우월하다는 무의식적 신념은 여전히 엄존하고 있고, 다원주의적 세계에서조차 대안적 질서의 상은 무엇인지 흔연히 의견일치가 이뤄지지 않고 있다.

그러나 이에 반해 관계적 접근방법은 모든 성적 행위들을 넓은 사회적 관계의 측면에서 이해하고, 행위들이 의미화되는 맥락을 해명하고자 한다. 따라서 이는 권력관계의 작용, 선택의 가능성들을 제한하는 미묘한 강제력, 고무되어도 좋을 쾌락과 인격적 자율의 가능성들, 특정한 성적 행위가 자아와 타자에 미칠 수 있는 여파에 대해 폭넓게 이해하고자 애쓴다(도덕적 다원주의같은 난처한 여러 쟁점은 뒤에서 다시 살펴보기로 한다. 단 이 자리에서 강조하고 싶은 점은 행위에 바탕을 둔 어떤 도덕적 체계와도 단절해야 한다는 것이다).

하지만 관계적 접근방법에는 방금 말한 것 이상의 논쟁적 함의가 있다.

성전통에서 특정한 행위들은 그것이 속한 특수한 성적 체계의 생생한 예증이자, 어떤 행동유형의 표명으로 간주되어 왔다. 하지만 앞에서 개괄한 관계적 접근방법은 이러한 일원론적 범주들과 단절한다. 이런 발상에 의거할 경우, 그것이 '동성애적'이거나 아니면 '이성애적', '사도마조히즘적', '소년애적'이라는 이유로 어떤 성적 활동을 더 이상 힐난할 수 없다. 그 대신 우리는 이렇게 질문해야 할 것이다. 특정 행위를 타당하거나 부당하게 만드는 것은 무엇일까? 이 행위들을 의미있게 하는 사회적 요인들은 무엇일까? 어떤 권력관계가 작용하고 있을까?

세 가지 예를 들어, 우리가 고려해야 하는 요인들의 유형을 알아보자. 첫번째 예는 이성애에 관한 것이다. 언뜻 생각하면 이는 조금 놀라운 일이다. 이성애는 의문의 여지가 없는 규범으로 당연시되어 왔기 때문이다. 이성애는 성이론에 있어 이미 하나의 소여이자, 타인들을 판단하는 기준이 되는 자연적 형태이다. 하지만 성 관련 문헌들을 좀더 인내있게 살펴보면 이성애라는 것도 그리 단순한 현상이 아님을 알 수 있을 것이다. 이성애라는 용어는 사랑의 관계 뿐 아니라 강간을, 선택 뿐 아니라 강제를 포괄한다. 그리고 이성애에는 선교적 missionary 위치에서 행해지는 성교에서부터 구강성교와 항문성교에 이르기까지 다양한 성교형태가 있다. 하나의 용어로서 이성애라는 말의 의미 속에는, 파트너들간의 나이차, 파트너간 관계의 제도성 그리고 둘 사이의 환상 등에 대한 설명이 전혀 없다. 이성애라는 개념 그 자체는 대상 선택에 관한 사실을 제외하면 아무 것도 말해주지 않는다. 하지만 이성애의 의미도 다양할 수 있다. 따라서 이성애의 일반성 때문에 이성애적 관계 내부의 실제적 차이가 모호해지는 것처럼 이성애라는 개념을 액면 그대로 거부하는 것도 현명한 처사는 아니다. 이성애가 남성지배를 영구화한다는 이유로 일부 여성해방주의자들은 일체의 이성애적 형태를 거부해야 한다는 결론을 내렸다. 아드리엔느 리치 Adrienne Rich같은 논자에게는 '강제적 이성애 compulsory heterosexuality'야 말로 여성통제의 핵심적 메커니즘이며, 그런 탓에 이성애는 **적 the enemy**으로 선언된다.*25 이런 류의 입장은 우리가 이성애를 문화적으로 특권화하는 것을 역상반영하는 것에 불과하다. 관계적 접근방법은 대상 선택이나 이성애에 특

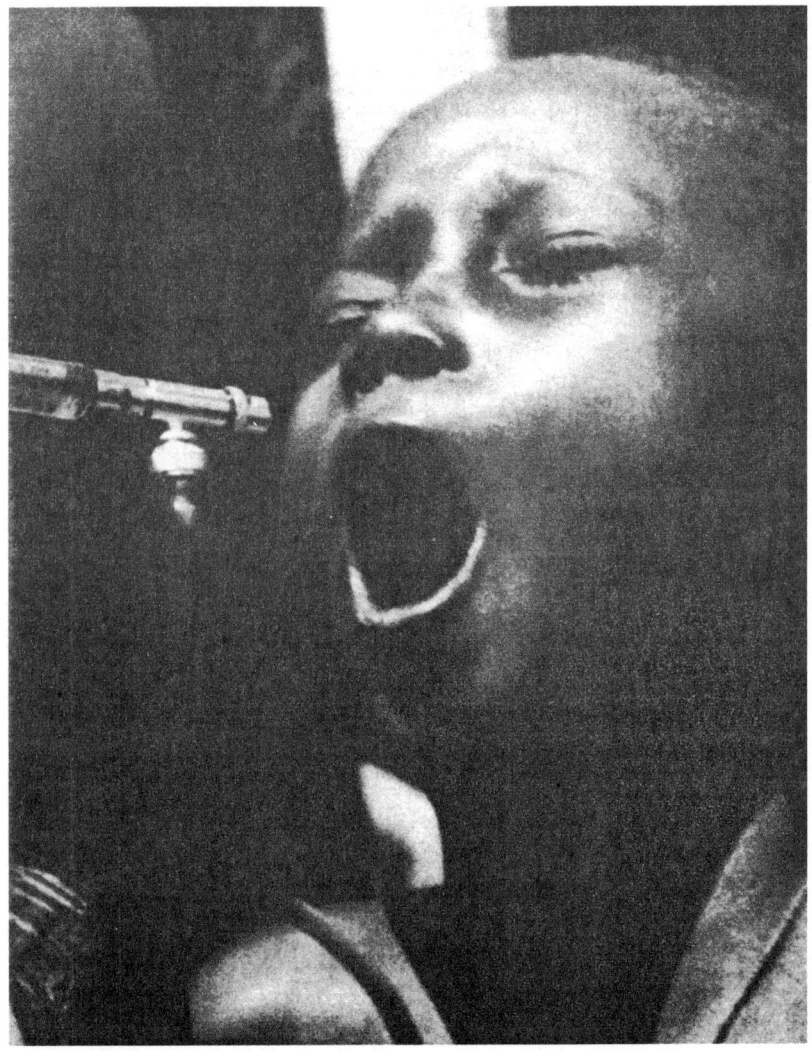

에이즈는 인종주의와 성차별주의가 지닌 극악한 폭력을 증언해주었다. 희생양의 정치, 그것은 자신이 부정하는 집단을 질병의 원흉으로 단죄하는 것이다.

징적인 성행위형태(성기 성교)가 아니라 이성애의 의미를 주형하는 일단의 요인들을 논의의 출발점으로 삼는다. 남녀간의 평등한 관계의 가능성은 존재하는가? 만약 그럴 가능성이 없다면, 성행위 자체는 지배와 예속관계를 영구화하는 수단으로 이해되어야 하는 것일까? 대안은 무엇일까? 변화란 필요하며 반드시 있어야만 한 것일까? 우리는 이성애를 재론하며 이런 질문에 사로잡히게 된다.

성과 권력관계는 세대간 섹스문제에서 가장 극적으로 예시된다. 대다수 사람들에게 이는 그다지 심각히 골치썩힐 문제가 아니다. 그것은 그저 아동성학대일 뿐이기 때문이다. 그것은 힘센 어른들이 자신들의 재미를 보는 짓이고, 체험도, 저항력도 없는 아이들로부터 성적 만족을 얻고자 획책하는 간계이다. 하지만 소년애 옹호자들은 정반대의 형태로 세대간 성관계에서 생겨나는 여러가지 가능성을 예찬한다. 소년애는 그 교육적 가능성들때문에 찬미된다. 요컨대 이른바 그리스식 사랑 the Greek Love으로의 정당화, 아동기적 의존에서 성인의 책임감으로 이행하는 과정에서 후견인의 성적, 도덕적 가르침이 지니는 무한한 가치 등이 거론된다. 나아가 소년애는 아동기 성에 대한 몇 가지 가정적 사실들로부터 정당화되기도 한다. 성과학 자체는 유아기에도 수음이 존재한다는 것을 비롯해 아동기의 성적 잠재성에 관한 상당히 많은 사실을 알려주었다. 너무나 자연스러운 그 어떤 성적인 것이 편재해 있다 칠 때, 그것이 아동기 성만큼 엄격히 통제받는 경우가 어디 있을까? 다시 한번 말하거니와, 아동기의 성 역시 그토록 자연적인 것이라면 성인들의 성처럼 그것도 분명히 무해할 것이다. 탐 오캐롤 Tom O'Carroll은 이렇게 말한 적이 있다. '아동이 무해한 성적 유희에 빠져듦으로써 빚어지는 여러가지 결과에 관해 알아야 할 어떤 필요도 없다. 왜냐하면 그것은 정확히 무해함, 바로 그것이기 때문이다.' *26

이것 아니면 저것이다라는 식의 흑백논리에 빠지기보다는 그에 연관된 것을 찬찬히 검토하는 일이 훨씬 합리적이다. 그리고 이를 통해 소년애내에 얽혀들어 있는 분리가능한 여러 요소를 찾아낸다면 예전처럼 그렇게 경악하는 일이 없을 것이다. 먼저 나이가 있다. 자유롭게 합의가 이뤄지는 이상적인 나이라는 게 있고, 또 어떤 관계를 합의할 수 있는 나이가 따로 있는 것일까? 분명 우리 대부분 3세나 8세가 그 동의연령이 될 수 없다는 데 동의할 것이다. 그렇다면 일부 문화권의 규범이며, 1985년 후반 시끌벅적한 소동 속에서 보수성향의 네덜란드 정부가 제시한 12세라는 나이가 적절한 합의연령일까? 아니면 대다수 유럽 국가의 합의연령인 14세 혹은 15세가 그 나이일까? 법은 엄청나게 다양하고, 특히 소년과 소녀에 대해 각기 다른 효과를 미친다(영국에서는 소녀의 경우 합의연령은 16세이고, 남성동성애자의 경우는 21세, 다른 남성들의 경우에는 불확실하긴 하지만 대략 16세 전후의 나이인 것으로 보인다). 이로부터 소년애를 평가할 때 성별의 문제가 중요함을 알 수 있다. 예를 들면, 잠재적으로 임신가능성이 있고 성적 노리개가 되기 쉽다는 문화적 위상 때문에 소녀들과 성인과의 관계는 소년들과의 관계보다 훨씬 민감하게 인식될 것이다. 한편 남성동성애적 관계는 이성애적 관계의 권력 불균형이 어느 정도 부재하므로, 남성동성애적 소년애와 이성애적 소년애를 따로 구분하는 것이 중요할 것이다. 또 소년애를 둘러싼 논란에서 아동의 주도적 역할이 무시되어 왔다는 주장도 있다. 나이어린 아동들이 직접 부추겨 성행위가 이루어졌다는 증거도 수두룩하다. 그럼 이런 사실로부터 세대간 섹스가 정당화될 수 있을까? 아니라면 소년애는 우리 성인들이 취하는 의사결정과 전적으로 무관하다는 것일까? 브라이언 테일러 Brian Taylor는 세대간 섹스에는 관계를 맺는 이들의 나이, 성별의 구분, 성적 소질의 성격 그리고 앞의 것들이 엇물리는 방식에 따라 여덟 가지로 더 세분해 볼 수 있다 지적했다.*27 이는 소년애에도 여러가지 종류가 있음을 알려준다. 어찌되었든, 여전히 우리는 아동 성학대 따위의 성은 모조리 비난하고 싶어한다. 하지만 그것이 하나의 단순한 행동이라는 이유로 그래서는 안된다. 그보다 우리는 성행위 자체에 내재적이지 않은 다른 기준에 준거하여 그 성을 평가해야 한다.

권력은 세대간 섹스에서 가장 첨예한 쟁점이다. 한술 더 떠 합의적인 SM의 경우 권력 그 자체가 성애화된다. "우리는 가장 경악스럽고, 역겨우며, 용납될 수 없는 행위들을 선택하고, 그것을 쾌락으로 변형시킨다."*28 성전통의 이론가들이 보기에 SM은 남성과 여성 간의 정상적 관계에 대한 과장에 뿌리를 두고 있다. 크라프트 에빙에게 있어 새디즘이란 "어떤 현상을 과도하고 기괴스럽게 강조하는 것과 진배 없으며 -정상적인 상황에 그 초보적인 형태가 얼마든지 있을 수 있다 특히 남성들의 경우 심리적인 성활동을 동반한다... 그리고 마조히즘은 새디즘의 정반대이다..."*29 하지만 성적 하위문화 출신의 SM 옹호자 다수는 SM이 성권력에 대한 독창적인 통찰을 제시함은 물론, 제식과 유희로서 성의 본성을 드러내주고, 치료적이고 배설적인 섹스를 제공한다고 말한다.*30 분명 과장된 주장이긴 하겠지만, 그들의 주장 속에는 성을 사고함에 있어 맥락과 선택, 주체성과 합의 간의 관계의 문제가 매우 극적으로 제기되어 있다. 그렇다면 우리는? 우리는 고통스럽고 또 해악적일 수도 있을 이런 행위들을 용납해야 할까? SM적 선택을 타당케 만드는 조건들이란 무엇일까? '동등한 카스트'에 있는 사람들(게이와 여성)처럼, 말하자면 남성과 여성 사이에도 똑같이 자유로운 선택가능성이 존재할 수 있을까? '성적 변두리집단 fringe' (아마 사도마조히스트들은 그 중에서도 가장 위반적인 집단일 것이다)의 성행위들은 대다수의 주류적 성생활에 비긴다면 극히 주변적일 것이다. 하지만 이들의 정상성의 한계범위는 어디인가, 타당한 성행위의 경계는 어디까지인가, 그리고 쾌락을 도모하는 과정에서 체험해야 할 극대치는 무엇인가 등에 관해 의미심장한 질문을 던진다.

내가 여기에서 제시하는 방향대로 성행위를 통찰할 때, 우리는 그런 행위들을 사회적, 정치적인 질문에 개방시킬 수 있다. 그리고 이런 범주에서 우리는 특정한 행위들을 찬반 여부 식으로 재단하는 위험을 피할 수 있을 것이다. 성과학자들의 일원적 범주들을 해체하는 것, 이는 의사결정과 선택이 이루어지는 척도를 문제시한다는 점에서 이루 헤아릴 수 없는 가치가 있다.

마지막으로 두 가지를 지적할 필요가 있다. 먼저 긍정적인 사회적 이형태들을 용인한다 해서 반드시 다양한 차별이 없어지는 것은 아니라는 점이다. 흔히 부정적인 것으로 비난받는, 특히 성적 살인, 강간, 아동학대처럼 어떤 식으로든 고의적 폭력행위와 연루되어 있는 여러가지 층위의 행위가 있다. 이는 스톨러 Stoller가 도착을 증오의 성애적 형태로 이론화하고자 시도하면서 밝혔던 그런 층위의 행동이다. 스톨러가 보기에, 우리는 특정한 성별 정체성 획득의 필연으로 인해 유발되는 긴장과 불안에서 벗어나기 어렵기 때문에, 우리 모두에겐 도착의 잠재성이 존재한다. 물론 (비록 다른 자리를 빌려야 하겠지만) 이상행위의 성격을 스톨러식으로 이론화해볼 여지도 있을 것이다. 하지만 이 자리에서 강조할 점은 문제는 행위 그 자체가 아니라, 그것을 발생시키고 그것을 의미화시키는 사회적, 심리적 맥락 전체(가정 환경 혹은 남성적 불안과 권력 등)라는 점이다. 다른 말로 정교한 정신분석학적 접근의 주장처럼, 도착이 사실상 문화적으로 부과되는 여러 제한들에 대한 반항이고, 체스겟-스미르겔 Chasseguet-Smirigel의 표현대로 '외디푸스 콤플렉스의 사활적 성격'을 밝히는 수단이며, 현실로부터 초월하고자 하는 생의 거부*31라면, 도착 역시 나름의 문화이자 현실인 셈이며, 도착 역시 개인 행위를 이해하는 데 유용한 역할을 한다는 점이다. 개인 행위의 병리학에 집중되었던 전통적 관심은 이제 더 이상 합당하지 않다. 이로부터 우리는 다원성이라는 개념이 갖는 두번째의 실질적 의미에 다가설 수 있다. 플루머가 말하듯,

성적 다원성에 관한 이야기가 아무리 중립적이고 객관적인 채 해도, 그것은 권력에 관한 담론이다. 어느 문화나 -형식적, 비형식적인 정치과정들을 통하여- 격리, 금지되어야 할 다원성의 범위와 폭을 구축해야 한다. 어떤 문화도 성에 전권적 자유 free-for-all를 베풀 수 없다. 하지만 이런 제한들의 유형은 시간과 공간에 따라 엄청나게 다양하다."*32

여기에서 결정적인 점은 사람들에 의해 행해지는 여러 차별이 종국에는 윤리적이거나 정치적인 차별이라는 것 그리고 이러한 차별은 합리적 논의의 산물이 아니라 정치적 세력관계로부터 비롯된다는 것이다. 성에 관한 질문들이 결국 정치적 질문일 수밖에 없는 이유도 이 때문이다. '도착'이라는 용어가 잘못된 점은, 그것이 과학적 용어인 척 하면서 멋대로 도덕적, 정치적 재단을 한다는 데 있다. 이는 토론가능성을 사전봉쇄한다. 하지만 '다원성'이라는 용어에는 중요한 질문들을 논쟁, 타협 그리고 정치적 선택에 열어놓는 미덕이 있다.

주

1. Gayl Rubin, 'Thinking sex: note for a radical theory of the politics of

sexuality', in Carole S. Vance(ed.), *Pleasure and Danger. Exploring Female Sexuality*, Routledge and Kegan Paul, Boston and London(1984), 287쪽.

2. Havelock Ellis, *The Psychology of Sex*, William Heinenmann, London(1946; 초판 1933년), 126쪽.

3. Alfred C. Kinsey, Wardell B. Pomeroy and Clyde E. Martin, *Sexual Behaviour in the Human Male*, W. B. Saunders, Philadelphia and London(1948), 202쪽.

4. Michel Foucault, *The History of Sexuality*, Vol.1, An Introduction. trans. Robert Hurley, Allen Lane, London(1979).

5. J. Laplanche and J. Pontalis, *The Language of Psychoanalysis*, The Horgarth Press & the Insititute of Psychoanalysis, London(1980), 307쪽.

6. Sigmund Freud, 'The sexual aberrations', in *Three Essays on the Theory of Sexuality*, Standard Edition, Vol.7.

7. 같은 책, 160쪽.

8. 같은 책, 146쪽 주1, 1915년 증보판.

9. Sigmund Freud, *Leonardo da vinci and a Memory of his Childhood* (1910), Standard Edition, Vol.2, 99쪽 각주, *Group Psychology and the Analysis of the Ego*, Standard Edition, vol.18, 67-143쪽에서 재인용.

10. Sigmund Freud, 위의 책, 138-9쪽.

11. 같은 책, 146쪽.

12. Ernest Freud(ed.), *Letters of Sigmund Freud 1873-1939*, Hogarth

Press, London(1961), 277쪽.

13. Ernest Jones, *The Life and Work of Sigmund Freud*, Vol. 2, Basic Books, New York(1955), 299쪽, C. W. Socarides, *Homosexuality*, Jason Aranson, New York(1978); Elisabeth R. Moberly, *Psycholanalysis. The Early Developement of Gender-identity*, Routlege and Kegan Paul, London(1983), 10쪽.

14. Kenneth Plummer, 'Sexual diversity: a socialogical perspective', in K. Howells(ed.), *Sexual Diversity*, Blackwell, Oxford(1984), 219쪽.

15. 같은 책, 221쪽.

16. Havelock Ellis, 위의 책, 127쪽.

17. Gayle Rubin, 위의 책.

18. Wardell, B. Pomeroy, *Dr Kinsey and the Institute for Sex Research*, Harper and Row, New York(1972), 77쪽.

19. Robert J. Stoller, *Perversion*. The Erotic Form of Hatred, Quartet, London(1977), 45쪽.

20. Kinsey et al., 위의 책, 197쪽.

21. Gayle Rubin, 위의 책.

22. Kenneth Plummer(ed.), *The Making of the Modern Homosexual*, Hutchinson, London(1980), 29쪽.

23. 이에 대해서는 다음을 참조할 것. Barry Adam, *The Survival of Domination, Inferiorisation and Ereryday Life*, Elsevier, New York, Oxford(1978); Jone D'Emilio, *Sexual Politics, Sexual Communities. The*

Making of Homosexual Minority in the United States 1940-1970, University of Chicago Press, Chicago, London(1983).

24. Ronald Bayer, *Homosexuality and American Psychiatry. The Politics of Diagnosis*, Basic Books, New York(1981). 호주의 이와 유사한 동향에 대해서는 다음을 참조하라. R. F. Barr et al., 'Homosexuality and psychological adjustment', *The Medical Journal of Australia*, 1, 1984.

25. Adrienne Rich, 'Compulsory hetrosexuality and lesbian existence', in Ann Snitow, Christine Stansell and Sharon Thompson(eds.), *Desires: The Politics of Sexuality*, Virago, London(1984).

26. Tom O'Carroll, *Paedophilia. The Radical Case*, Peter Owen, London(1980), 153쪽. 이를 정당화하려는 여러가지 시도로는 다음을 참조하라. Kenn Plummer, 'The paedophile's progress', in Brian Taylor(ed.), *Perspectives on paedophilia*, Batsford, London(1981).

27. 이에 대해서는 다음을 참조하라. Brian Taylor's 'Introduction' in Taylor(ed.), 위의 책.

28. Pat Califia, 'Unraveling the sexual fringe. A secret side of lesbian sexuality', *The Advocate*, 27 Dec. 1979, 19쪽.

29. Thomas Weinberg and G. W. Levi Kamel(eds.), *S and M. Studies in Sado Masochism*, Prometheus Books, Buffalo, NY(1983), 27쪽.

30. 사도마조히즘을 강력히 옹호하고 있는 것으로는 다음을 참조하라. Samois(ed.), *Coming to Power. Writings and Graphics on Lesbian S/M*, Samois, Burkely, Ca(1982) 대립적 관점으로는 다음을 참조할 수 있다. Robin Ruth Linden et al.(eds.), *Against Sadomasochism. A Radical Feminist Analysis*, Frog in the Web, East Palo Alto, Ca.(1982).

31. Janine Chasseguet-Smirgel, *Creativity and Perversion*, Free

Association Books, London(1985), 26쪽.

32. K. Plummer, *Sexual Diversity*, 219쪽.

성의 세속화 경향은 계속 가속되어 왔다.
그리고 이러한 경향은 그에 연관된 부수적 과정
-즉 성과 시장의 관계가 지속적으로 심화되고, 성이 상품관계와 '사적 생활' 영역의 교환관계 속으로 흡인되는 과정-들로부터 재차 촉진되기도 했다.
이 가운데 가장 두드러진 예는 포르노그라피 시장의 엄청난 성장이다.
하지만 이와 더불어 또다른 미묘한 변화영역이 있기도 했다.
우선 구애의 유형들이 여가의 상업화 결과 상당한 영향을 받았다.
섹스 보조기구로부터 인공수정에 이르기까지,
획기적 신기술이 등장함으로써 개인적 삶이 이모저모 변화되었다.
섹스-특히 여성의 성-는 광고의 핵심적인 속성으로 자리를 굳혔고,
담배에서 에어컨에 이르기까지 모든 상품 판매에 관건적 요소가 되었다.
동시에 새로운 성상품 시장
-1950년대에는 사춘기 아이들, 60년대에는 여성들, 70년대에는 게이와 레즈비언들을 주고객으로 삼았던-이 끝없이 발굴되고 창조되었다.

5장. 성과 정치

(성보다-역자) 더 많은 생각이 이뤄지고, 더 많은 이야기가 거론되고 그리고 더 많은 글이 쓰여진 인간 행동의 면모도 없으리라.
알프레드 킨제이 Alfred Kinsey *1

섹스: 새로운 전선?

　기독교가 세계를 제패한 이후 성은 서구인들이 가장 골몰했던 문제였다. 또한 지난 이백여년 동안 그것은 항시 그 무엇인가를 둘러싼 정치적 논란거리였다. 이미 19세기 말 수십년 동안, 오늘날 여성해방운동이 제기하는 몇 가지 문제들이 세상에 선을 보이고 있었다. 예컨대 여성에 대한 남성의 권력, 성적 착취, 남녀의 다양한 차이들 그리고 동의와 합의의 의미 등이 바로 그것이다. 1920-30년대 무렵, 국제적인 성개혁운동이 부침을 거듭하고, 사회적 권위주의와 파시즘이 파죽지세로 등장하면서 성적 가치들과 정치권력을 잇는 내밀한 연관성이 역력히 드러났다. 성과 정치를 연결한 하나의 개념-'성정치 sexual politics'-이 등장한 것 또한 바로 이 무렵 빌헬름 라이히 Wihelm Reich같은 인물들의 저작을 통해서였다.

　그렇지만 성정치라는 관념이 주변적 자리에서 벗어나 중심적 위치로 부상, 실질적 충격과 반향을 미치게 된 것은 1960년대 이후부터였다고 말하는 게 옳을 것이다. 오늘날 우리는 성정치를 동시대적 현실로 당연시하고, 성정치라는 말도 거의 상투어가 되다시피 했지만, 성정치는 근대 사회생활과 정치 전반에서 다양한 분화과정을 겪었다. 더우기 근래들어 그것은 통상 '좌파 the left'라거나 '진보적 progressive' 집단으로 지칭되는 집단에 한정되지 않게 되었다. 1970-80년대 초반 동안, 성정치에서 가장 노련하고 유력한 정치적 발전을 꾀한 쪽은 보수 세력, 특히 '신 우익'이라는 이름의 집단이었다. 예기치 않게 성은 여러 정치세력이 다투는 전장 battle ground, 데니스 알트만 Dennis Altman이 예시적으로 표현한 말을 빌리자면, 새로운 전선 new front-line이 되었다.[*2] 많은 이들에게 미래 사회를 향한 투쟁은 동시대의 성이라는 지형 위에서 벌어졌다. 바야흐로 성의 움직임대로 사회도 움직여가는 것이다.

성애적인 것에 대한 이러한 관심은 심화되는 성의 위기로부터 발생된 것이기도 하지만, 동시에 이 관심 역시 그 위기의 발생에 공헌하였다. 그리고 그 성의 위기 한가운데에는, 급격한 사회변동과 근대 여성해방운동의 등장(그리고 남성지배와 여성예속의 다양한 형태에 관한 여성해방운동의 비판과 도전)으로 불안에 봉착한 여러 성들간의 위기적 관계가 자리잡고 있다. 성차와 성적 분화의 현재와 미래를 둘러싼 투쟁, 이야말로 가장 넓은 의미에서 성정치의 의미이다. 하지만 한편 성정치는 우리 문화 내부에서 성의 의미, 우리의 삶과 친교관계에서 성에 할당된 위치, 정체성과 쾌락, 강제와 권력, 선택과 합의 등의 위기가 심화되는 데 기여하기도 한다. 우리의 성적 신념과 도덕을 조직하고 규제하는 부동의 입장들-종교적, 가족적, 이성애적, 일부일처제적인-은 금세기에 들어와 근본적 변화를 겪었다.

'전통적 가치들'의 규칙이 편파적이고 비효율적이었으며, 또 억압적이고 권위적이었을 수도 있다. 하지만 그 가치들이 누리던 패권이 뚜렷이 쇠퇴함에 따라 하나의 공백이 남겨졌다. 즉 우리는 성이라는 말이 무엇을 뜻하는지, 사회적, 개인적인 삶에서 그것이 어떤 역할을 해야하는지 더 이상 확신할 수 없게 되었다(적어도 동의는 이루어져 있다). 성행위나 행위유형의 다양성은 물론, 이제는 신념과 행동에 있어서도 새로운 다원주의가 자

5장. 성과 정치

80년대 신보수주의는 세기말의 공포를 그 밑천으로 삼았다. 공포와 증오를 지배의 기술로 선택하는 것이 파시즘이라면 우리는 지금 파시즘과 동거하고 있다.

리잡고 있다. 어쩌면 이 다원주의라는 것도 아무런 의심도 없는 맹목적인 시선 아래 저 어딘가에서 항상 존재하고 있었을지도 모른다. 그리고 이를 시사하는 역사학적, 사회학적 증거가 늘어가고 있다. 그럼에도 불구하고 성적, 사회적 다원성을 하나의 사실로 인정하게 됨으로써, 사회정책 면에서나 사적 행위의 면에서나 다원성의 문제에 어떻게 대처할 것인가를 둘러싸고 첨예한 사회적 혼란이 빚어졌다. 무려 백여년 동안 도덕적 논쟁을 불러일으켰으면서도 정작 주류 정치학 내부에선 끊임없이 은폐되고 주변화되었던 일련의 쟁점들이 이제 전면으로 부상하게 되었다. 이것이 바로 '**성적인** 성정치 **sexual** sexual politics' 라 지칭되는 것의 등장과 충격이다.

방금 전 나는 '전통적 가치들' 이라는 말을 언급했다. 모르긴 몰라도 급격한 사회변동에 직면했을 때, 질서, 체면, 규율과 예절이 있었던 가상의 '황금시대' 로 회귀하고자 열망하는 이들이 나타내는 특성 가운데 하나가 바로 전통적 가치에 대한 집착일 것이다. 문제는 우리가 목적지를 찾아 헤매면 헤맬수록 자꾸만 그 목적지가 바로 다음 모퉁이에 있을 것처럼 착각되는 끝없는 미로 속에 우리 자신이 갇혀 있다는 점이다. 방임주의적 60년대(마가렛 대처 Magaret Thatcher는 이 시기를 '규율과 자기절제의 오랜 미덕들' *3이 타락한 때라고 말했다), 그 이전 시기인 1950년대가 과연 황금시대였을까? 아니면 마리 스토페스 Marie Stopes같은 이들이 남녀관계의 '영광스런 개화' 을 고대했던 양차 대전 사이의 시기가 그 황금시대였을까? 아니면 (그 물질적 무절제와 상층계급의 방탕을 일단 접어두고) 평온과 사회적 권위가 마지막으로 만개했던 1차 대전 전전 시기 속에서 전통적 가치의 흔적들을 찾아볼 수 있을까? 매 시기마다, 자기의 시대를 '황금시대' 라고 공언하는 인물들이 있었다. 하지만 더욱 중요한 것은, 각 시대마다 그 시대의 쇠락과 파멸을 공표한 예언자들이 있었다는 점이다. 요즈음 '옛 규준들' 을 복원하고자 하는 이들 사이에서 모종의 합의가 이루어진 듯하다. 그들이, 반드시 추구되고, 또 재정립되어야 한다고 합의한 가치들은 '빅토리아적 가치들' (영국의 경우)이거나, 남자는 남자이고 여자는 여자일 뿐이었던 미국 개척자들의 '강건한 가치들' (미국의 경우) 따위이다. 물론 그 당시 현실은 찬란하지 않았다. 19세기는 도덕적 합의가 있기는커녕 많은 점에서 현재 우리 모습을 비춰주는 거울처럼 위기와 분열로 점철된 시기였다. 이때 역시 급격한 변화, 도덕적 혼란으로 들끓고, 아무런 효험도 없는 '통제용 단속'이 난무했던 시절이다. 그리고 늘 그렇듯 세기말경 가까스로 '합의'가 이뤄지긴 했지만, 이 역시 도덕적 공리와 정치적 편법 사이에 맺어진 불편한 타협에 불과했다. 당연하게도 그 속에 황금시대라 할 만한 어떤 대단한 실재적 모델이 있을 리 만무했다.

설사 과거의 역사적 준거점이 정확하다 하더라도 그것의 현재적 효력과는 아무런 상관이 없다. 과거에 기반한 준거점은 현재를 판단할 척도를 제공하고 지난 현실에 대해 뭔가를 알려주는 것이 아니라, 현재 우리가 느끼고 있는 불만족을 설명해주는 역할을 한다. 더우기 과거를 영예롭게 함으로써 현 시대 사람들은 영락이라는 가상의 변동을 끄집어내고자 한다. 많은 이들에게 '빅토리아적 가치들'이라는 게 어떤 긍정적 상징을 나타낸다면, '방임주의'는 그 부정적 상징을, 1960년대는 그것의 성공 순간을 나타낸다. 영국의 보수주의적 저널리스트인 로날드 버트 Ronald Butt는, 1960년대에 신자유주의가 성가를 드높였던 것을 두고 이렇게 쓴 적이 있다. 그 요지는 이렇다.

> 엄격히 통제되던 사회영역(즉 성 sex)에서 나타난 방임주의는 어느 면에서는 자유주의적 교의로 처방된 새 규범에의 엄격한 복종과 짝을 이루고 있었다. 몇몇 영역에서 개인적 방종의 헌장이 선포되었고, 이로 인해 예전부터 엄수되어 온 개인 행동과 책임의 규범들이 전례없는 공격에 직면해야 했다...*4

이 탄식이 눈길을 끄는 것은 이 주장이 담고 있는 엄정함-사실 그것은 시기적인 면에서나 실제 벌어진 변화의 측면에 있어서나 모두 왜곡을 범하고 있다는 게 내 확신이다-이 아니라, 그 표현방식상의 특징이다. 1960년대 십여년간 대중적 지지를 받으면서 전개되었던 일련의 사회적 변화들-여러가지 태도의 자유화, 성에 관한 자유로운 논의, 법률 개혁 등-이 이제는 모든 타락의 상징이 되었고, 에른스트 화이트하우스 Ernest Whitehouse(사회청교도파의 지도자인 매리 화이트 Mary Whitehouse의 남편)가 말했듯, 성이라는 사회적 영역에서 "엄청난 도덕적 기준의 붕괴가 빚어졌다."*5

　1960년대에 겨누어진 비난이 정치적 권리에 한정되지 않는다는 점은 주목할 만하다. 신종 쾌락주의 속에서 만족을 추구한 것이 아니라 일종의 경각심을 느꼈던 자각적 자유주의 속에서, 또 60년대는 여성의 육체를 가일층 성화시킴으로써 전보다 한층 더 남성적 성권력의 노예로 전락시켰다고 간주한 도덕적 여성해방운동 moral feminism 속에서 60년대에 대한 비난이 반향되었다. 모든 변화를 신화화된 한 시대에 집중시키는 것은 역사에 대한 희극적 왜곡이다. 먼저 그 당시 벌어졌던 변화들은 오랜 배태기간을 거치고 난 연후에 나타났다. 사실 몇몇 변화는 1960년대 훨씬 이후에 생겨난 것이기도 했다. 두번째로 어떤 시기를 단선적으로 파악하는 것은 전혀 옳지 않다. 1960년대에 여성의 성적 이미지에 관한 착취적 묘사가 늘어난 점은 부인할 수 없지만, 동시에 그 시기는 여성해방운동이 부활하고 성개혁뿐 아니라 도덕성 회복 캠페인을 비롯한 여러가지 새로운 규제형태들이 재탄생한 시기이기도 했다. 언제나 변화는 복합적인 법이다. 따라서 우리가 역사적 변화에 대한 입장을 조정하고 그 입장에 균형을 부여하고자 한다면 논점을 정확히 이해하고, 과거-혹은 현재-의 신화에 굴복하지 않을 필요가 있다.

성 위기 a sexual crisis의 요소들

　그렇다면 실제 변화가 이루어진 것은 무엇일까? 나는 급속한, (전혀 그랬다고 말하기야 어렵겠지만) 그리고 거의 지각변동에 가까운 변화가 세 가지 영역에서 나타났다고 생각한다. 먼저 섹스의 '세속화 secularization'를 꼽을 수 있다. 이 말은 성의 가치가 종교적 가치-종교적 가치의 거의 모든 부분-로부터 점차 분리되었음을 뜻한다. 여기에는 오랜 역사적 과정이 얽혀 있었다. 그리고 그 과정에서 핵심적 특징은 성에 관한 판결의 주도권이 교회로부터 사회, 정신 위생학-일차적으로 의료학-의 대리인들로 이관되었던 19세기 중반 이후의 변화였다. 이러한 변동은 도덕적 문제들과 의학적 문제들이 여전히 불가분 연관되어 있었다는 의미에서 미완의 혁명이었다. 요컨대 만일 당신이 우리의 묵시적인 규범을 어긴다면 여전히 병들고 부도덕하다고 간주될 것이다라는 식의... 물론 종교적인 성의 규제 시도가 단념되었다고 말하려는 것은 아니다. 그런 생각을 조롱이나 하듯, 기독교 세계와 비기독교 세계 어디에서나 도덕적 권위주의와 그에 결합된 종교 근본주의가 재출몰하고 있다. 하지만 그럼에도 불구하고 성은 점차 비종교적 전문가들의 영역-의학은 물론 성과학, 심리학, 복지 서비스와 사회정책 등-으로 이관되었다. 심지어 로마 카톨릭 Roman Catholic처럼 가장 전통적인 교파들마저, 그 신도 다수가 산아제한이나 동성애에 관한 지도자들의 지침을 무시한다. 비신자들의 경우 성에 관한 태도에 있어 대개 종교적 구속으로부터 자유롭다. 그리고 이러한 성의 세속화 과정은 나라마다 달라서, 몇몇 나라(영국)의 경우 다른 나라들(미국, 북아일랜드와 남아일랜드)보다 훨씬 진전되어 있다. 하지만 어느 나라에서든 이런 사태전개의 결과, 성적 관계들에 대해 종전보다 더 커진 기대에 대한 부담이 안겨졌다. 종교적 세계관을 대신할 대안적 세계관이 부재한 가운데, 이제 성 자체는 개인적 운명과 귀속을 반성하는 사고의 영역으로 변모되었다.

성의 세속화 경향은 계속 가속되어 왔다. 그리고 이러한 경향은 그에 연관된 부수적 과정-즉 성과 시장의 관계가 지속적으로 심화되고, 성이 상품관계와 '사적 생활' 영역의 교환관계 속으로 흡인되는 과정-들로부터 재차 촉진되기도 했다. 이 가운데 가장 두드러진 예는 포르노그라피시장의 엄청난 성장이다(1980년경, 포르노그라피산업은 미국에서만도 약 오십억 달러 규모의 산업으로 산정되었다). 하지만 이와 더불어 또다른 미묘한 변화 영역이 있기도 했다. 우선 연애의 유형들이 여가의 상업화-디스코 disco에서부터 자동차에 이르는-에 따라 상당한 영향을 받았다. 섹스 보조기구로부터 인공수정에 이르기까지 획기적 신기술이 등장함으로써 개인적 삶이 이모저모 변화되었다. 섹스-특히 여성의 성-는 광고의 핵심적인 속성으로 자리를 굳혔고, 담배에서 에어컨에 이르기까지 모든 상품판매에 관건적 요소가 되었다. 동시에 새로운 성상품 관련 시장-1950년대에는 사춘기 아이들, 60년대에는 여성들, 70년대에는 게이와 레즈비언들을 주고객으로 삼았던-이 끊없이 발굴되고 창출되었다.

이런 제반 변화를 통해 분명히 착취가능성이 증대되었고, 그에 따른 온갖 병리적 결과가 나타났다. 예컨대 여성에 관한 모욕적이고, 대상화된 이미지, 주요 도시의 황폐한 사창가, 성폭력의 낭만화 그리고 성적 쾌락의 상업화 등. 하지만 '성적 자유'는 사회적 궁핍과 성적 권위주의로부터 자유로와진 수백만의 사람들에게 새로운 가능성을 안겨주었다. 지난 시기의 변화들은 낡은 공리들과 인습적 가치들을 융해시켰다. 그 과정에서 전에 없던 위험한 샛길들이 만들어지고, 신종 도덕주의가 대두될 여지가 생겨나기도 했지만, 여하튼 그러한 변화로부터 많은 이들은 상상도 못하던 여러 기회를 누리게 되었다.

이 결과 서구 산업국가들에서, 광범한 태도의 **자유화 liberalization**가 이뤄졌다. 이것이 두번째 주요 추세이다. 산아제한, 낙태, 이혼, 혼전 성교, 미혼 파트너간의 동거와 별거, 동성애에 대해 사람들은 좀더 관대해졌다. 여성적 성에 관해서도 그 정당성을 새롭게 인정하게 되었다. 그렇다고 난관에 봉착한 곳이 없던 건 아니다. 로마 카톨릭은 서구 어느 나라에서도 혼전 성교, 인공 산아제한, 낙태 및 이혼을 줄기차게 반대하고 있다. 미국의 여러 주들과 다른 지역에서 동성애는 아직도 불법이며, 유럽 국가들의 법률은 동성애와 이성애의 합의연령법과 기타 법조항을 통해, 여전히 차별대우를 하고 있다. 무엇보다 앞서 말한 변화는 남성과 여성에게 차별적인 영향을 미쳤다. 여성들이 자신의 성을 표현할 기회가 신장되었고, 여성의 성적 만족을 고무하고자 하는 움직임이 지속된 것은 사실이다. 하지만 남성지배 문화가 미동도 않는 상황에서, 이러한 움직임도 결국 남성들에 의해 정의되는 것이었고, 남성들 자신의 이익을 위한 무대로 역할했다. 어쨌든 전혀 비권위적, 비착취적이라고 말하기는 어렵지만 성에 관한 태도나 관점 면에서 1950년대나 그 이전보다는 세간 여론이 좀더 다양화, 개방화되었다. 그리고 이와 더불어 성담론이 폭증하고 성에 관한 새로운 발언 욕구(사실은 성에 관한 강박증적인 언급)가 꿈틀거리게 되었다. 결혼 지침서에서 대중음악에 이르기까지 어디에서나 성적 소란으로 시끌벅적했고, 이를 찾아나선 이들로 북새통을 이루었다. 한때 감히 입에 담기조차 어려웠던 사랑인 동성애 역시 상당한 발언 기회를 가지게 되었고, 그 결과 다른 성적 소수집

5장. 성과 정치

전후 자본주의 호황은 성의 지형에도 변화를 가져왔다. 가족과 출산, 결혼에 기여하지 않는 성을 감독하고 감시하기 위해 성을 개인화시키는 것. 그 중의 하나가 바로 피임의 대중적 선전이었다.

단들도 새로운 성적 욕망의 언어로 나름의 욕구와 권리에 대해 발언하게 되었다. 이제 '성 sexuality' 이란, 대안적 가치와 가능성이 무엇인지를 둘러싸고 벌어지는 세간의 불화를 조장하면서 서로 다른 수많은 인간형을 지칭하는 언어로 변화되었다.

위의 사태들이 직접적으로 성 **행동 behaviour**에 어떤 결과를 미쳤는가에 대해 밝히는 건 어려운 일이다. 비결혼적 성의 개방성이라는 점에서, 현재는 확실히 의미있는 변화를 나타내고 있다. 현재 스웨덴 같은 나라는 남녀 공히 거의 대다수(99퍼센트)가 혼전 성관계를 맺고 있고, 미국의 경우 여성은 약 50퍼센트가, 그리고 남자는 그보다 더 많은 수가 혼전 성관계를 체험한다. 이와 비슷하게 혼외 성교의 경우, 최근 조사를 보면 여성의 삼분의 일, 남성의 절반 정도가 관계를 맺는다. 사람들이 전보다 섹스를 더 많이 하는 것은 아니지만 합법적 결혼이라는 형식적 지표 밖에서는 더 많은 섹스가 이루어진다.*6

또한 사람들은 그들의 부모들이나 조부모세대들보다 평균적으로 좀더 일찍 성관계를 맺는 편이다. 이는 부분적으로 소년 소녀들이 조숙해진 결과이기도 하고(지난 백년동안 초경 나이는 16세에서 13세로 낮아졌다), 부분적으로는 성관계를 맺을 기회가 늘어난 때문이기도 하다. 영국에서는 합의연령인 16세 이하의 성적으로 적극적인 소녀들의 수가 지난 수십년동안 무려 세 배나 늘어난 것으로 산정되었다(자료에 따르면 그들이 부모세대들보다 성적 비행을 많이 저지르는 것은 아니다). 그럼에도 불구하고 1970-80년대에 틴에이지 섹스라는 쟁점이 주시되기 시작했고, 성지식, 미성년자의 성적 선택과 통제를 둘러싸고 여러가지 까다로운 문제들이 제기됐다. 부모의 동의없는 의사의 피임자문을 금지하기 위해 영국의 로버트 길릭 여사 Mrs. Robert Gillick가 제기했던 소송은 1985년 10월 항소에서 패배했다. 하지만 그 안건에 대한 연장 延長 법정소송은, 어떤 상황에서 누구의 이익을 위해 누가 결정을 내릴 것인가(부모인가, 의사인가, 아니면 소녀들 자신인가)라는 결정적 의문을 제기했고, 공적 규범의 부재에서 비롯되는 일련의 문제점들이 더욱 도드라졌다. 부모들이라고 항상 최선의 지식을 가지고 있는 걸까? 16세 이하의 나이어린 여자아이들이 과연 섹스나 임신처럼 극히 정서적인 문제에 대해 합리적 결정을 내릴 수 있을까? 피임에 대해 조언하고 누구나 성교육을 받을 수 있도록 하는 것은 성적 비행으로 이끄는 유인인가, 아니면 그로부터 초래된 결과들에 대처할 수 있는 유일한 합리적 보호책인가? 여러 나라의 십대 임신 분포를 연구했던 구트매처 연구소 the Guttmacher Institute의 통계자료를 보면, 미국(15-19세의 소녀 천 명당 96명)과 네덜란드(천 명당 14명)에서 각각 최대치와 최소치의 임신 빈도가 나타났고, 그 중간에 영국과 웨일즈 등 몇몇 나라가 자리잡고 있다 (천 명당 45명)*7. 결국 포괄적인 성교육 프로그램이 수행될수록 십대들의 임신율이 낮아진다는 결론을 부인하기 어렵다. 하지만 이러한 정보 그 자체가 주장이 될 수는 없다. 그 정보는 성의 지위와 역할을 둘러싼 판이한 관점들을 부각시킬 뿐이다. 성은 쾌락을 위한 것인가, 아니면 생식을 위한 것인가. 성은 권리로서 간주되어야 하는가, 아니면 특전으로 간주되어야 하는가. 성은 선택의 영역인가, 아니면 의무의 영역인가. 성은 남자와 여자에게 동일한 의미를 지니는가. 그리고 우리는 어느 때에 예스/노라고 말해야 적절한가. 미국의 경우 학교 성교육 문제는 성적 변동에 의해 야기된 일련의 문제들을 상징화하고 있었던 탓에 여러 세력들이 격돌하는 전장이 되었다. 자유주의자들이 보기에 성교육이란 그저 합리적 선택을 가능케 하는 정보를 확대시키는 수단일 뿐이다. 보수주의자들은 성교육이 가족의 붕괴를 위협하고 성을 세속화, 탈신비화시키는 지름길이라 주장한다. 결국 두 경향 사이에 합의의 토대란 전혀 없다.

한편 위의 변화들은 제3의 변화 즉 많은 이들이 '가족의 위기 the crisis of family'라고 생각했던 친족유형의 변화를 초래했다. 위기의 원인에 대해 다각도의 질문이 던져지고 다양한 형태의 심문이 이루어졌지만, 그 초점은 하나였다. 전통적으로 사회적 지위와 성적 행위의 면에서 특권적 관문으로 여겨졌던 결혼, 그것에 대한 불안이 바로 그 초점이었다. 전에 비해 남녀 결혼비율이 높았던 1950년대와 60년대 초반 이후, 결혼율은 줄곧 감소 추세를 보였다(이러한 추세는 1960년대 중반 스웨덴과 덴마크에서 시작하여, 1970년대 초 영국과 미국, 서독으로 확산되었고, 프랑스에서는 그보다 조금 뒤에 그러한 현상이 나타났다). 이와 더불어 동거율이 증가했고, 이혼율도 급증했다. 1980년대 초반 기혼 부부 가운데 3분의 1이 이혼을 결행하였다. 실제 결혼과 가족의 붕괴에 대한 불안들은 어느 정도 시기상조임이 증명된 것이다. 동거가 결혼과 마찬가지로 안정적으로 정착되어 있던 스웨덴을 제외하면, 대다수 동거쌍은 결국 결혼을 하였다. 더우기 1980년대 중반경에는 결혼율이 다시 증가하기 시작했다. 이로써 과거의 이혼율 증대가 결혼의 거부가 아니라 고작 결혼의 일시적 지연에 불과했음이 입증된 것이다. 그리고 기혼자의 3분의 1(1980년대 중반경의 주춤대는 추세를 보여주는 지표)이 이혼을 결행하기로 서약했다지만, 여전히 나머지 3분의 2는 기혼 부부들이었다. 더우기 이혼자들의 70퍼센트 이상이 다시 결혼을 한다. 몇몇 사회학자들은 이런 양상을 전통적 가족의 붕괴가 아니라 전통적 가족이 새로운 형태로 재등장한 것-로버트 체스터 Robert Chester의 말을 빌자면 '신관습적 가족 neo-connventional family' *8-으로 분석한다. 이때 그가 말하는 신관습적 가족이란 빅토리아조 가족보다 소규모이고, 자녀도 소수이며, 가사분배에 있어 가능한 한 평등한, 그래서 적어도 이데올로기적으로는 결혼과 생활이 친화적이던 과거보다 '연속적 일부일처제 serial monogamy'에 훨씬 가까운 가족형태이다. 여하튼 전통적 가족은 지금도 역시 너무나 지당한 '가족'인 셈이다. 우리 대부분은 여전히 가족의 성원으로 태어나고, 인생의 대부분을 가족 속에서 보내며, 또 대다수가 여전히 가족을 만들고자 갈구한다.

위에서 짚어본 사실들은 현재의 물질문화와 성문화를 논의함에 있어 매우 중요한 것들이다. 위의 주장에서 관습적 가족이 분명히 공고해졌다는 점 말고도, 가사형태가 날로 다양해지고 있음을 깨닫는 것이 중요하다. '가족 자체'라는 용어의 넓은 울타리 안에는 계급적, 종교적, 인종적, 종족적 차이와 정치적인 신념과 관행에서 비롯되는 수많은 내적 차이들이 존재한다. 한편 이러한 상이한 가족형태와 더불어 다양한 비전통적 형태의 가족도 존재한다. 즉 영구 독신 never-married singlehood, 비결혼형 동거, 자발적인 무자녀 가족, 재혼을 하거나 각기 다른 부모와 뒤섞임으로써 만들어지는 의붓가족 stepfamily, 편부모(그 안에는 이혼과 사망에 의해 생기게 된 편부모 가족은 물론 관습적인 이성애적 성교를 통해서든 인공수정을 통해서든 자발적으로 창출된 편부모 가족까지 모두 포함되어야 한다), 소위 '개방적 결혼 open marriges', 다수 성인가구 multi-adult househoulds, 게이 및 레즈비언 커플 등등.*9

현실이 점차 다양화되고 있는데도 아직 우리는 이데올로기 면에서나 사회정책 면에서나 그에 대해 별로 적응하지 못하고 있다. 우리 문화는 가족적 가치들에 의해 에워싸여 있고, 가족이라는 말은 진정한 영속적 친족관계를 표시하는 유일한 언어로 계속 버티고 있다. 그 결과는 매우 기묘하고 역설적이다. 많은 이들이 전통적 가족의 쇠퇴를 애통해 하고 있고, 그들이 그러한 쇠퇴과정에 휘말려 있다고 생각한다. 한편 이미 관습적 관계를 벗어나 살면서도, 대다수의 사람들은 여전히 가족의 정당성을 대신할 어떤 정당성도 존재하지 않고 가족말고는 친족관계에 대한 욕구를 표현할 다른 어떤 방도도 있을 수 없다고 철석같이 믿을만큼 가족이데올로기가 막강한 지배력을 행사한다. 결혼, 가족 그리고 성 사이의 전통적 관계에 부분적으로 균열이 나타나고 있는데도 그를 대신할 어떤 뚜렷한 대안도 없다(그저 가족의 형태적 다원성만이 있다). 더우기 많은 이들에게는 이런 다원성조차 생사를 건 도전이다. 또 어떤 이들에게 비가족적 사회관계는 엄청난 위험을 표상할 것이다.

앞의 변화들은(물론 그 자체로도 중요한 것이긴 하지만), 변화가 있었다는 단순한 인정 이상으로 성의 현실을 전환시킨 것은 아니었다. '성해방'이든 '도덕의 부패'이든 어느 주장도 얼토당토 않다. 도리어 몇 가지 실재적 변화들이 복잡하게 얽힘으로써 가치와 의미의 위기, 불확실하고 (일부에겐) 혼란스런 어떤 분위기가 야기됐을 따름이다. 그러한 분위기 속에서 심층의 정서적인 흐름이 표면화되었고, 그것은 이른바 도덕적 공황 moral panics 을 통해 표출되었다. 도덕적 공황은 사회적 불안의 질풍으로 둔갑하여 통상 기존의 사회적 가치나 묵계를 위협한다고 간주되는 조건, 사람, 집단을 집중적으로 겨냥하였다. 대개 도덕적 공황은 혼란스럽고 모호한 상황에서 즉 정당한 행동과 부당한 행동 사이의 경계가 재정의되고 재분류되는 시기에 나타난다. 과거의 전통적인 도덕적 공황은 도덕적 마녀사냥, 물리적 공격 그리고 법적 행위의 형태를 통해 엄청난 결과를 빚어내기도 했다. 2차 대전 이후 끝없이 꼬리를 물고 이어진 사회적 소요 가운데 다수가 도덕적, 성적인 사안들에(성병, 매음, 동성애, 아동 성학대, 소년애, 십대들의 섹스, 포르노그라피, '비디오 음란물 video nasties' 등)에 집중되었다. 도덕적 공황에서 엿볼 수 있는 의미심장한 특징 가운데 하나는 그것이 성과 질병을 연관시킨다는 점이었다. 이때 질병은 더러움, 음란 그리고 퇴폐를 나타내는 은유가 되었다. 최근 도덕적 공황이 성기 포진 herpes, 경부 암, 그리고 (무엇보다 가장 최근의 것이면서 또한 가장 극적인 것인) 에이즈 AIDS(후천성면역결핍증 Acquired Immune Defieciency Syndrome)의 사회적, 도덕적 내포를 에워싸고 등장했음에는 이론의 여지가 없다. 특히 에이즈의 충격 속에서 전통적 공황에서 나타나곤 했던 예시적 징후들이 고스란히 반복되었다. 지금 이 대목에서 더욱 주목할 점은, 현재 성의 위상을 둘러싼 공포가 성의 영역 밖으로 확산되고 있다는 것이다. 이런 이유 때문에, 에이즈로부터 초래된 위기를 간단히 지나쳐선 안된다. 에이즈와 그를 둘러싼 도덕적 공황은 숱한 사회적 긴장을 그럴싸한 하나의 상징적 목표물에 응집시키는 우리 성문화의 어두운 구석을 고루 비추어준다.*10

에이즈 위기의 놀라운 특징 중 하나는, 여느 질병과는 달리 처음부터 (사회적 태도 때문이든, 성적 관행 때문이든) 그 질병의 희생자들이 질병유발의 원흉으로 비난받았다는 점이다. 그런데 서구 여러 나라에서 그 질병으로 고통을 겪는 이들은 대개 남성동성애자들이었다. 이때문에 에이즈 위기로부터, 이단적 성에 대해 현재 어떤 감정과 태도가 나타나고 있는지를 미루어 짐작할 수 있다. 1981-2년 미국에서 처음 그 질병이 알려질 때부터 에이즈는 유독 동성애자에게만 내려진 재앙인 것처럼 간주되었고, 여러 난폭한 매체들은 '게이 돌림병 gay plague'이라는 용어를 남용하면서, 그것을 에이즈에 대한 통상적 묘사법으로 정착시켰다. 이미 처음부터 다른 집단의 사람들(타인의 혈액과 접촉하기 쉬웠던 아이티인들 Haitians(미국내)과 정맥주사를 사용하는 마약중독자들 그리고 혈우병환자들)의 감염사실이 분명히 알려져 있었고, 또 그 질병이 발원했고 풍토병처럼 자리잡고 있던 중앙아프리카 대부분 지역의 경우, 주 환자층이 이성애자였고 그런 탓에 이성애적 성교를 통해서도 분명히 전염가능하다는 점이 금새 밝혀졌었다. 하지만 서구 산업사회에서 예의 도덕적 공황의 요인으로 작용했던 것은 비정통적인 성행위와 질병 사이의 뚜렷한 연관관계였다.

도덕적 공황의 일반적 진행경로는, 특정 타입의 괴물들을 주역으로 하는 특유의 상투화 stereotyping이다. 이는 공포의 수준과 자각적 위기의식을 증폭시켜 사람들을 공황상태와 절대주의적 태도로 몰아넣으면서 예의 그 극화된 문제들에 대해 상징적인, 그리고 대개는 가상적인 imaginary 해결책들을 찾아나서도록 이끈다. 많은 이들의 인생을 파탄시키면서도 아무런 치료책도 없고, 질병의 확산율을 중단시킬 도리가 전혀 없는 탓에 에이즈는 도덕적 공황상태를 조작하는 데 더할 나위없이 안성마춤이었다. 1985년 중반, 에이즈는 뉴욕시의 성인 남성사망자들의 최대 단일 사망원인이었고, 다른 곳에서도 이 질병은 날로 확산되었다. 불안은 정당한 것이었다. 하지만 그 불안이 취한 형태는 희생양을 찾는 것이었고, 게이 남성들은 이 과정에서 쉽게 먹이가 되었다. (틀린 말은 아니지만) 남성동성애자들과 결부된 특정한 성적 관행들(이를 테면 항문 성교)과 사회적 관습(다수의 파트너)은 에이즈 확산에 주요한 역할을 하였고, 이때문에 에이즈 감염자들을 비난하는 것은 매우 손쉬운 일이었다. 그리고 이로부터 줄곧 사고의 어긋남이 나타났다. 요컨대 동성애자들이 '그 돌림병'을 일으킨다는 생각과 동성애 자체가 돌림병이라는 생각 사이의 어긋남이 바로 그것이다. 1985년 영국 노동당 대회에서 한 대의원은 게이와 레즈비언 권리를 지지하는 당내 움직임에 반대하면서, 그러한 일관되지 않은 관점을 극명하게 보여주었다. "이것은 우리 사회의 질병이며 병약함입니다. 그리고 이 특별한 행위-이 비자연적인 행위-때문에, 에이즈라는 질병은 전세계적으로 확산되고 있는 것입니다(이 말 속에서 연설자는 에이즈라는 질병과 동성애라는 행위가 같은 것이라 말하는 실수를 범하고 있다-역자)."*11 에이즈 비감염자에 대해서도 수잔 손탁이 '정화의 실천 practices of decontamination'이라 지칭한 바 있는 일련의 현상이 나타났다*12 식당들은 게이 손님의 출입을 거절했고, 게이 웨이터들이 해고를 당했으며, 의사들은 동성애자들의 치아에 대한 진찰을 거부했고, 청소부들은 병자라 짐작되는 집의 쓰레기를 수거할 때는 마스크를 착용했다. 또 간수들은 죄수 이송을 거부하고 나섰고, 극장 스탭들은 게이 배우들과 함께 작업하기를 거부했으며, 유별난 일부 의사들은 에이즈 환자들에 대한 진찰을 거부했고, 묘부들은 그들의 매장을 거절했다.

하지만 1985년 중반경, 명백한 과학적 증거가 나타났다. 즉 에이즈는 바이러스에 의해 전달되고, 그 바이러스 자체는 이례적 전염성이 없으며, 단지 밀접한 성접촉이나 혈액교환을 통해서만 감염된다는 것이었다. 에이즈는 동성애자에게만 특유하게 나타나는 질병이 아니며, 기실 감염자 중 대부분은 이성애자였다. 나아가 에이즈는 상대적으로 간단한 생활습관의 변화, 특히 특정 성적 행위(예를 들면 보호장치 없는 항문성교)를 피하는 것만으로도 그 확산을 쉽게 예방할 수 있었다.

이제 앞의 과학적 증거로부터 병에 대한 공포를 완화하고 안전한 성행위를 위한 지식을 보급하기 위해 시급히 공공교육 캠페인을 조직해야 한다는 점이 인식되었다. 그리하여 전통적으로 개방적인 성체제 sexual regime를 누리던 캘리포니아, 뉴욕, 네덜란드 등의 지역에서 실제 이러한 움직임이 활발하게 일어났다. 하지만 다른 곳의 경우 사정은 판이했다. 정부측은 침묵 일변도의 반응을 나타냈고, 도덕적 보수주의자들은 한층 격렬히 간섭했다. 북미와 호주 쪽에서는 에이즈 감염자나 잠재적 보균자로 판별된 이들을 격리, 감금하라는 요구가 들끓었다. 이는 1860년대 영국에서 매독에 베풀어졌던 은전적인 해결책, 매독에 걸렸음직한 매춘부들을 강제적으로 검진하고 진료했던 저 악명놓은 전염병 법안 the Contagious Diseses 조항을 상기시키는 것이었다. 영국의 한 신 우익 논평가는 에이즈를 둘러싼 도덕적 공황을 비난하는 일각의 주장에 답하면서, 동성애를 이성애만큼 정상적인 것으로 주장하고 그로 개종시키려 드는 사람들에 대적하기 위해 '더욱 도덕적인 공황'이 절실하다고 지껄였다.*13 그렇다면 이런 류의 반응이 현재의 세태에 대해 시사하는 바는 무엇일까? 수잔 손탁은 질병을 은유로 활용하는 현실에 대해 서술한 바 있었다. 즉 이는 특정한 낙인이 찍힌 질병을, 병자가 아니라면 용납되기 어려운 특정 집단이나 행위에 결합시키는 것이다.*14 미국은 에이즈 감염가능성이 높은 것으로 판별되었던 이들-특히 아이티인들과 남성동성애자들-에 대해 (그것이 인종주의라는 은폐된 문제때문이든 아니면 동성애에 대한 지속적인 사회적 적대때문이든) 전혀 인정할 태세가 아니다. 한때 사회적, 도덕적으로 통합되어 있던 사회에 여러 가지 변동이 휘몰아쳤고, 이러한 사회적 변동이 두 집단을 통해 각색되었다. 특히 전통적 행위 기대를 위반하는 일종의 '도착'으로, 동성애는 세인들이 결혼과 가족 속에서 고이 간직해 온 전통적 통합의 가치(성, 가정생활, 사회 질서 그리고 경제적 분배 따위와 관련된)를 위협하는 것으로 간주되었다. 그리하여 변화에 경악한 사람들에게나 그 변화를 두려워하는 이들에게 동성애는 극히 만만한 목표물이 되고 말았다.

한편 이보다 훨씬 더 비열하면서 역시 그 못지않게 완강한 신념이 있다. 그것은 우리의 상상이나 공포 속에서 죄악과 질병을 한 데 묶는 것이다. 질

5장. 성과 정치

지배문화에 대한 가장 도발적인 반란은 성을 매질로 한다. 그 무엇보다 성을 덮어누르는 삶의 윤리, 미학을 거부하는 것, 전후 대중문화는 이를 자신의 양식으로 삼았다.

병을 통해 우리는 심층의 신념들을 구조화거나 조직하는 경우가 많다(악습을 얘기할 때 가장 자주 울궈먹는 용어 가운데 하나가 바로 '병듦'이다). 그리하여 설사 그것이 전혀 무관한 것이더라도 포진, 경부암이나 에이즈처럼 성과 관련된 특정 질병들은 성적 비행에 대한 징벌이나 신의 응보 혹은 자연의 처벌로 간주되곤 했다. 「옥스포드 영어사전」에 따르면, '돌림병'이라는 용어 자체가 이런 의미를 담고 있었다. 닉슨 대통령과 레이건 대통령의 자문역이었던 패트릭 뷰캐넌 Parrick J. Buchanan은, "병든 동성애자들, 이들은 자연에 대한 전쟁을 선포했었다. 그리고 지금 자연은 그에 대한 무시무시한 보답을 요구하고 있다"고 일갈하였다. 「선데이 익스프레스 Sunday Express(런던)」의 편집자인 존 쥬노 John Junor는 뷰캐넌에 못지 않은 도덕적 어조로, 하지만 좀더 세속적인 어조로 에이즈에 대해 묘사하였다.

> 에이즈가 지옥의 시련처럼 끔찍한 천재 天災가 아니라면, 그렇다면 대관절 그것은 어떤 지옥인가?*15

들쭉날쭉한 결과를 나타내며 그간 성의 세속화, 자유화, 친족관계 등에 있어서 형태의 변화가 이루어졌다. 하지만 이런 제반 변화는 불안과 죄의식, 두려움과 경원이라는 유산을 두텁게 남겨놓았다. 이로 인해 더 이상의 변화를 이뤄내기는커녕 도덕적 절대주의가 부활할 여지만 잔뜩 늘어나고 말았다.

성의 규제

성의 의미를 둘러싸고 나타난 위기는 성을 어떻게 규제하고 통제할 것인가 하는 문제를 더욱 부각시켰다. 우리가 성의 현실과 당위라고 믿는 것, 이를 통해 우리는 성에 대한 반응을 구조화한다. 그러므로 우리가 성에 부여하는 의미들을 성의 통제형태로부터 분리시키기 어렵다. 만일 우리가 성을 위험스럽고 파괴적이며 근본적으로 반사회적인 것이라 여긴다면 엄격한 권위주의적 규제를 제안하는 도덕적, 정치적 입장에 빠져들기 쉽다. 나는 이를 절대주의적 입장 absolutist positon이라 부를 것이다. 또 한편 우리가 욕망의 힘들이 기본적으로 긍정적인 것이고, 활력적이며, 해방적인 것이라 믿는다면, 이는 온건하거나 급진적인 가치를 수용하고, 해방적 태도를 지지하는 것일 수 있다. 이 두 가지 극단적인 입장들 사이 어디 쯤에서 우리는 제3의 입장을 구분해낼 수 있다. 아마 그 입장은 성 그 자체의 좋고 나쁨에 관해서 덜 확정적이기는 하지만, 도덕적 권위주의나 극단론의 해악을 주의깊게 피할 수 있을 것이다. 나는 이를 자유주의적 liberal 혹은 자유주의적 다원주의 liberal-pluralist 입장으로 지칭하고자 한다. 이상의 세 가지 접근법-혹은 규제의 전략들 strategies of regulation-은 오랫동안 우리 문화 내부에 항존하고 있었다. 그리고 이 접근방법들은 대강 성과 정치에 관한 현재의 논쟁체계-그것이 의식적이든 아니면 승화된 것이든-를 제공하고 있기도 하다.

역사적으로 보아 우리는 절대주의적 전통의 상속자들이다. 이는 성의 파괴적 힘들은 오직 명징한 도덕-이는 특수한 사회제도들(결혼, 이성애, 가족생활 그리고 [적어도 유태-기독교 전통에서는] 일부일처제 등) 속에 복합적으로 체현되어 있다-을 통해서만 통제가능하다는 신념에 바탕을 두고 있다. 이 절대주의적 도덕은 기독교적 서구문화 속에 깊이 뿌리내리고 있다. 하지만 그 기반이 종교적이기는 해도, 절대주의적 도덕은 오늘날 문화적, 정치적 현상에 폭넓게 스며들어 있고 견실한 도덕적 가치로 무장하고 열렬히 신앙을 섬기는 기독교들(혹은 다른 신자들) 못지않게 무신론자들도 거리낌없이 이 절대적 가치를 수용한다. 도덕적 절대주의는 일반문화 특히 법적 규제의 형태들에 깊은 영향을 미쳐왔고, 또 여전히 잔존하고 있다. 19세기 말과 20세기 초 영국의 주요한 몇몇 법률상의 변화(외설, 매음, 동의 연령, 동성애, 근친상간에 관한)는 절대주의적 사회도덕운동에 의해 떠밀려 왔고, 많은 경우 종교적 열병에 의해 추진되었으며, 이따금 도덕적 여성해방운동과 동맹을 맺기도 했다. 그리고 이러한 법률들이 선택적 강화와 실용적 타협책을 취하는 가운데 완화되기는 했어도(예컨대 도덕적 힐난과 암묵적 용납이 병존하던 매음의 경우), 1960년대까지, 심지어는 그 이후에도 계속 성범죄를 정의하는 수단으로 기능하였다.

절대주의적 접근방법처럼 자유의지론적 전통도 다양한 신념 추세를 받아들인다. 이 입장은 성이 무엇인가에 관한 근본가설의 측면에서 도덕적 절대주의와 놀랄만한 친화성을 보인다. 마르퀴 드 사드 Marquis de Sade에서 19세기 후반의 '데카당 the decadents'를 거쳐 조르쥬 바타이유 George Bataille, 장 쥬네 Jean Genet같은 비교적 동시대의 작가들에 이르는 주요 문학적 전통은 성을 위험과 위반으로 찬미한다. 기독교 절대주의자들과 마찬가지로 그들은 성을 자아, 사회, 심지어는 세계와 적대하는 것으로 인식한다. 다만 절대주의자들과 다른 점이 있다면, 그것이 마땅히 그래야 한다고 믿는다는 점이다.*16 위반적 성은 현존 질서의 전제를 와해시키는 길 가운데 하나이다. 이 점에서 이들은 성해방이 사회해방으로 향하는 (아마 유일한) 첩경이고 현존 질서를 붕괴시킬 유용한 잠재력을 내장하고 있다고 믿었던 다른 자유의지론적 경향과 맥을 같이한다. 차이라면 뒤의 자유의지론자들이 성은 근본적으로 선하고 건전한 것임에도 '문명' 혹은 자본주의라는 힘에 의해 봉쇄된 힘이라고 확신했다는 점이다. 이런 점에서 이 입장은 찰스 푸리에 Charles Fourier, 에드워드 카펜터 Edward Carpenter와 같은 개척자들에서 1930년대의 빌헬름 라이히 Wihellm Reich, 1950년대의 허버트 마르쿠제 Herbert Marcuse로 이어지는 사회주의적 전통과 밀접한 친화성을 갖는다. 정치적 자유의지론은 1960년대 후반 성정치학의 발전에 심대한 영향을 끼쳤다. 절대주의적 전통과 자유의지론적 전통의 문제점은 성에 대한 본질주의적 관점을 전제하고 있다는 점이다. 성 그 자체는 사회에 외재적이고,

또 사회에 대립되는 강력한 힘이면서도, 동시에 나름의 도덕을 구체화하고 있는 자연적 힘 natural energy이다. 가치와 성의 본성에 관한 이론적 가설은 밀접히 연관되어 있다. 이런 의미에서 자유의지론과 절대주의는 서로의 역상이며, 양자는 공히 성에 대한 초역사적 관점에 갇혀 있다.

실제로 지난 시기 성에 대한 규제를 지배했던 것은 다양한 형태의 자유주의적 전통이라고 할 수 있다. 내가 '다양한 형태'라고 말하는 이유는, 문화적 차이에 따라 성에 대한 해석의 차이가 상당했고, 특히 북미와 유럽이 서로 강조점을 달리했기 때문이다. 미국에서 성관념을 조직하는 핵심적 발상은 '권리'였다. 예컨대 낙태를 둘러싼 공방에서 보듯, 양편이 태아의 권리 대 자신의 육체를 통제할 모성적 권리라는 식으로 권리라는 용어를 사용하고 있다. 하지만 권리를 강변하는 것으로는 논쟁이 종결될 수 없다. 상황에 따라 각각의 권리의 중요성이 달라진다는 문제가 있는데다, 또 누구의 권리를 받아들여야 하는가라는 문제는 선험적인 도덕적 쟁점이 아니라 명백히 정치적인 문제이기도 하기 때문이다. 낙태의 경우, 상반된 가치가 작용하고 있다. 그 결과 낙태를 둘러싼 논란은 지지세력을 늘리는 일말고는 아무런 할 일이 없는, 대극적인 절대가치 사이의 전투이다.

한편 영국의 경우, 성문법, 인권 선언 bill of rights, 명시적 입법에서 근본적 권리라는 생각은 전혀 찾아보기 어렵다. 그렇지만 자유주의적 전통은 매우 깊숙히 자리잡고 있고, 성에 관련하여 그러한 자유주의적 전통은 제법 분명하고 강하게 표명되어 있다. 그 가운데 가장 유명한 것이 매음과 남성동성애에 관해 1957년 간행된 월펜덴위원회 보고서 the Wolfenden committee report이다.*17 (영국적 전통이-역자) 미국적 전통과 합류하는 지점은 양자 공히 사적 영역과 공적 영역 간의 균형 유지를 강조한다는 것이다. 월펜덴 보고서는 그러한 공사구분을 명시했다. 그 보고서가 제시하는 바에 따르면, 법의 의무란 공적 영역을 규제하는 것, 특히 공적인 양속 良俗을 유지하는 것이었다. 하지만 사적인 영역, 특히 전통적인 개인적 도덕의 영역을 통제함에 있어서는 제한이 부과되었다. 교회라면 사적인 생활의 행동지침을 제시할 수도 있다. 하지만 이런 일은 국가가 할 일은 아니었다. 따라서 국가가 사적인 행위기준을 강화하는 데 개입할 여지는 거의 없었다. 그 접근방법 속에서, 사회는 더 이상-지금껏 그랬던 것처럼- 도덕적 합의에 지배되지 않으며, 실제로는 대치가능한 여러가지 도덕적 관점이 자리잡고 있음이 암묵적으로 인정되었다. 결국 법률은 공적 양속이라는 공통 규범을 유지시키는 데 그 역할을 한정해야 했다.

'월펜덴 전략'은 1960년대에 영국에서 벌어진 일련의 성개혁-외설, 동성애, 낙태, 극장 검열 및 낙태에 관한 법률개혁-에 이론적 골격을 제공했다.*18 그 출발점은, 절대주의적 접근방법은 그것을 떠받쳐주는 공통의 도덕이 없기 때문에 성의 규제에 부적절하다는 확신이었다. 주도적인 기독교 교파들, 특히 영국 국교처럼 기존 질서에 단단히 얽혀 있는 교파 대부분이, 이런 가정을 인정했다는 점은 놀라운 일이었다. 그들이 동성애, 낙태 혹은 이혼을 용납했던 것은 아니지만, 그들 역시 더 이상 법만으로 이런 도덕적 입장을 지탱하기가 어렵다는 점을 분명히 깨닫고 있었던 것이다.

이 합리화된 접근방법내에는 단순한 도덕적 불가지론 이상의 것이 있었다. 또 예전처럼 법 자체가 사적인 성행동을 통제하는 적절하고 효과적인 수단이기 어렵다는 점에 대해 암묵적인 공감이 있기도 했다. 그 시기 대안적 규제방법에 대한 모색과정 속에는 하나의 일관된 줄기가 있었다. 즉 이는 죄악을 일소하기보다는 해악을 제한하는 데 집중하자는 것이었다. 하블록 엘리스는 이미 1930년대에 그러한 접근방법을 표명했었다.

> 문제는 더 이상 '그 행위는 비정상적인가' 가 아니다. 즉 문제는 '그 행위가 해로운가' 로 바뀌었다.*19

월펜덴 보고서 자체는 동성애와 매음이 병인지의 여부에 대해 논의하고 있었다. 만일 그렇다면 그것은 법보다는 약에 의해 가장 잘 치료될 터였다. 그 보고서는 동성애와 매음이 질병은 아니지만 그에 대한 '병인학 aetiologies(병의 기원과 발달)'적 연구가 좀더 진전되어야 한다고 주장하고 있었다. 그런 맥락에서 훗날 개혁가들이 지지를 보냈던 가설 중 하나인 성의 규제에는 법률 당국보다 의료기관이나 복지기관이 훨씬 월등한 역할을 한다는 주장이 뿌리를 내렸다. 이를테면 1967년 낙태법 개혁에서 임신

중절의 허용 여부를 결정할 일차적 책임이 주어졌던 이는 여성들 자신이 아니라 의사였다.

이러한 연고로 월펜덴 개혁은 사적 생활에 대한 직접적 간섭을 제한하는 것에 한정되었다. 하지만 위의 개혁들이 반드시 통제라는 관념을 거부한 것도-법률은 실제로 낙태와 동성애의 **공적 public** 표현에 관해서는 매우 엄격했다-. 또 새로운 권리들을 긍정적으로 포괄한 것도 아니었다. 요구대로 낙태시술을 받을 수도 없었고, 상호 동의에 의한 이혼 역시 법적 권리가 주어지지 않았으며, 남성동성애 역시 완전히 합법화되지 않았다(이를테면 21살이 넘는 성인들 사이에서 사적으로 이뤄지는 특정 유형의 동성애적 행동은 법적 기소대상에서 면제되기는 했어도, 합법화되지는 못했다. 이는 여타 행위에 있어서도 예외가 아니었다).

1960년대의 개혁이 상당히 중요한 것들이었고, 이것이 많은 점에서 1970년대의 변화를 위한 전제조건이 되었음은 분명하다. 1960년대 개혁이 낳은 결과는 대단한 것이었다. 1968-80년 사이에 수백만 건의 합법적 낙태가 시행되었다. 1970-79년간 25세 이하의 이혼율은 세 배로 늘어났고, 25세 이상에서는 두 배가 되었다. 서적물과 공연물에서의 성적 표현의 기회가 확대되었고, 새로운 생활방식을 발전시킬 가능성도 열렸다. 하지만 모든 변화가 일방통행식이었던 것은 아니다. 남성동성애가 기소대상으로부터 면제됨(이는 처음으로 공적으로 인정받는 동성애적 생활양식을 가능케 했다)과 동시에 1967-76년 사이 남자들간 외설행위에 대한 보고 건수가 두배, 고소 건수는 세 배로 늘어났으며, 유죄판결을 받은 건수도 네 배나 늘어났다. 낙태를 줄이기 위한 시도도 여러 건 진행되었다. 이혼법을 개정한 결과, 양육과 재산분배를 둘러싼 아귀다툼이 벌어졌다. 이는 스튜어트 홀이 '이중 과세'라고 불렀던 것 즉 자유 **그리고** 개혁 뒤에 은폐되어 있는 사회적 통제를 적나라하게 보여주었다. 개혁은 법에 의해 국가를 '진보적으로 도덕적 무장해제' 한다던 매리 화이트하우스 Mary Whitehouse의 예견[*20]도 거짓이 되고 말았다(오히려 상황은 더욱 나빠졌다).

그렇지만 법개혁 자체는 여타의 모든 변화를 상징하게 되었고, 자유주의와 방임주의의 물결을 멈추고 싶어했던 이들에겐 그 발판이 되었다. 전통적으로 법률상의 변화보다는 재판에 의해 개혁이 이루어져온 미국의 경우, 낙태를 허용하는 1973년 대법원의 결정적 판결로 인해 '도덕적 내전'이라 불릴만큼 험악한 사태가 낙태법 찬반세력간에 벌어졌다.*21 1960년대 영국에서 낙태법 제한을 수정하기 위한 소동이 벌어지면서 보수주의자들은 이 법률을 자기네들의 역공의 목표로 삼았다.

하지만 자유주의적 전략은 보수주의와 대치하는 와중에서 한 가지 심각한 결점을 나타냈다. 자유주의적 전략은 비록 보수적 도덕주의자들을 혼란시킬 수는 있었지만 전략적 접근방법상 성적 다원주의를 인정하는 데 너무나 망설이고 편협했던 탓에 급진세력들의 지지를 동원하기가 어려웠다. 더우기 사회적 변동이 급격해지며 성에 관련된 문제들이 점차 꼬이게 되자, 자유주의적 접근은 맥을 추지 못했다. 1970년대 후반 버나드 윌리암스 Bernard Williams가 의장으로 있던 외설과 영화 검열에 대한 위원회의 한 보고서를 둘러싸고 표출된 소동은 자유주의적 접근의 문제를 여실히 보여주었다. 그 위원회는 일반적 인정기준에 부합하는 성적 표현물이 무엇인지를 밝히려다 다른 권리마저 침범해버렸고, 자유주의자들과 여성해방운동가들로부터의 지지도 잃어버렸다.*22 월펜덴 전략의 난점들은 1980년대 초반 새로운 재생산 기술에 대한 반응에서 더욱 역력히 드러났다. 특히 대리자에 의한 인공수정(AID), 시험관 수정(IVF), 대리모 사용, 태아검사 등의 문제에서 그런 난점은 더욱 도드라져 보였다. 이런 쟁점들과 씨름을 거치면서 제출된 수정과 배아학에 관한 워녹 위원회의 보고서 the peport of Warnock Committee on human fertilization and embryology는 해당 논쟁에 두 차원이 걸쳐 있음을 보여주었다.*23 첫번째로 어떤 행위(예컨대 대리모 출산이나 인공수정) 그 자체 옳고 그른지 여부에 관해 일반적 동의가 있을 수 있는가라는 쟁점이 있다. 두번째로 특정 행위에 관해 의견일치가 있다손 치더라도 도덕관을 강화한다는 이유로 어떤 행위에 개입하는 일이 과연 정당화될 수 있는가라는 더욱 어려운 문제가 남아 있다. 말하자면 태아 실험연구라는 문제에 관한 한, 사적인 쾌락과 공적인 정책이라는 전통적인 자유주의적 구분법이 들어맞지 않는다는 것이다. 태아연구로부터 긍정적인 결과를 얻고자 하는 욕망은 사적인 목적(이를 테면, 특정한 유전적 전염

6-70년대의 성방임주의 그리고 성혁명, 이를 상징하는 플라워 칠드런 flower children. 이들은 성을 해방적 본능으로 착각했다.

병의 단서를 찾기 위한 소망에서 비롯된)일 수 있지만, 그를 위해서는 비용이 드는 법이고, 따라서 이는 정치적 결정의 주제가 된다. 또한 그것은 생명의 본성과 과학의 의무에 관해 너무 난해한 윤리적 질문들을 제기하는 것이기도 했다.

 이 경우 법과 사적인 도덕을 분리시키는 형식적 체계를 마련하는 것만으로는 선택에 따르는 여러가지 난해한 질문들이나 가치갈등을 만족스럽게 해결할 수 없다. 따라서 태아연구를 어떻게 통제할 것인가의 문제들, 상업적 대리모의 이점에 관한 문제들이 관례적인 정당 구분과 전통적인 자유주의적 제휴관계를 뛰어넘는 정치논쟁으로 비화된 것은 당연한 사태였다.

이는 다시금 정치와 도덕, 성이란 따로 분리된 삶의 영역들이 아니라는 점을 입증한다. 위 세 영역은 우리가 살아가는 실제 정치적, 사회적 환경 속에서 밀접하고 불가분하게 얽혀 있다.

성의 정치

지난 20여년간 산업국가의 사회적 문화적 형세가 변화됨에 따라 성문제를 둘러싼 정치적 결집의 가능성도 크게 강화되었다. 불황에 뒤이은 급격한 경제성장, 낡은 계급적 구분의 와해, 복지주의의 등장과 부분적 상승과 침체가 반복되는 새로운 경기의 형성, 성들간의 관계 및 가족, 지역공동체 내부의 중요 변화들-요약하자면 서구 국가들의 사회지리적 변모-은 새로운 사회적 긴장과 적대, 지배와 저항의 형태들을 만들어냈고, 이는 전통적인 정치형태와 정치방식을 뒤흔들어놓았다. 새로운 사회적 적대 그리고 그로부터 파생된 새로운 사회운동이 계급, 인종, 종족이나 성별과 같은 낡은 적대와 운동을 대치한 것은 아니었다. 여러 면에서 이들 사안을 둘러싼 투쟁이 재차 복구되면서 양자는 밀접하게 맞물려졌다. 1960년대 미국 흑인운동은 인종적 피억압자들에 대한 평등한 대우를 요구했다는 데 그 의의가 한정되는 것이 아니다. 흑인운동은 가족형태나 인종별 성구성에 관해서도 의문을 제기했고, 물론 이는 여성운동이 재기하는 데 무시할 수 없는 조직적 자극이 되었다. 하지만 이러한 좀더 전통적인 저항형태와 더불어 새로운 저항형태들-예컨대 평화운동, 환경운동, 이 글의 의도와 가장 가까운 것으로는 성적 선호와 선택을 둘러싼 여러 저항운동-들이 생겨났다.

주요 서구 국가 어디에서든(무엇보다 미국) 여성해방운동과 게이, 레즈비언 운동이 등장하여 육체와 쾌락을 둘러싼 쟁점 전체에 걸쳐 자기 정의와 자기 결정을 옹호하는 참신한 주장을 던졌고, 이 결과 전통적인 성논쟁이 현저하게 탈바꿈되었다. 이 새로운 사회적, 성적 운동은 결과적으로 인격적 상호작용, 공론, 출판물, 지적 무대 등에서 대안적 공공영역을 창출했고, 그 과정에서 성전통의 공리를 뒤엎어온 '풀뿌리 성과학 garss roots sexology'을 만들어냈다. 성 급진운동은 수단 면에서나 목표 면에서나 전혀 통일적이지도, 응집적이지도 않다. 하지만 성 급진운동은 당대의 정치학에 새로운 요소를 도입했고, 새로운 '이해 공동체', 새로운 지지층, 새로운 도덕적 의제를 형성했다. 그 결과 '정치'라는 용어의 의미가 상당히 확대되었는 바, 이제 정치는 새로운 사회운동 그 자체는 물론 새로운 관심 범위-지금까지는 그저 사사로운 일로 치부되었던 건강, 육체, 가치, 선택, 쾌락 등에 대한 관심들-를 두루 망라하게 되었다.

새로운 성정치는 새로운 공간들을 창출했다. 하지만 그와 더불어 새로운 균열, 새로운 적대가 만들어지기도 했다. 미국에서 신 우익 세력이 나름의 독자적인 도덕적 대의를 가지고 등장하게 된 배경에는 여성해방운동과 레즈비언, 게이 정치로 대변되는, 이른바 도덕적, 사회적 해이에 대한 깊은 적대감이 자리잡고 있었다. 국가적 쇠락, 인종갈등, 관료적 복지주의와 경제변동, '가족'의 방어 그리고 가족이라는 용어 속에 약호화되어 있는 전통적인 도덕적 성적 가치관과 같은 내면적 감정 등에 관한 사안은, 변화에 어리둥절해 있고 미래에 대한 두려움으로 허둥대는 이들을 결집하는 강한 응집점이 되었다. 사람들이 노심초사하는 문제가 무엇인지 알아내려 혈안이 되었던 신 우익은 그 사안들을 찾아냈고, 이를 법적 변화에 반영시키고자 했다.[24]

문제는 이런 것이다. '왜 사람들은 그토록 이런 사안들에 마음을 쓰는 것일까?' 아마 이에 대한 대답은 부분적으로, 사회적 지위와 성적 정체성에 대한 도전들을 피하고 과거의 경계를 유지하는 것이 갖는 중요성에서 찾을 수 있을 것이다. 1960년대 이후 새로운 성정치는 남성적 속성과 여성적 속성의 고정성, 성인과 아동의 분리, 출산과 섹스, 생식기와 쾌락의 관계 등 여러가지 문제들을 제기하면서 기존의 경계선을 심각하게 뒤흔들어 놓았다. 당연시되어온 수많은 신념들이 논쟁의 도가니 속에 쏟아부어졌고, 이는 많은 사람들, 특히 이미 다른 변화들때문에 당혹해 있던 이들의 정신세계를 뒤죽박죽으로 만들었다. 그리고 그런 상황에서 일부가 폭력을 수반하거나 도덕적 격리, 보복, 옛 기강(대개 신화적이기 짝이 없는)의 확립에

성에서 반계몽적 이성의 어둠을 발견한 자유의지론의 예술가들. 사드(등을 돌리고 섰는 이)와 아폴리네르, 피카소, 윌리엄 블레이크의 얼굴이 보인다.

대한 요구를 내걸고, 반동을 일으켰던 것이다.

1980년대 성정치의 핵심적인 역설은, 성에 관한 새로운 질문을 던진 쪽은 좌파지향적 급진사회운동이었는데도 정작 여러 힘과 세력들을 분기시켜 효과적 성과를 챙긴 쪽은 바로 우파였다는 점이었다. 특히 이러한 현상은 미국에서 여실하게 나타났는데, '도덕적 다수 Moral Majority' 라는 집단은 레이건을 대통령 권좌에 앉힌 신종 보수적 동맹군의 핵심적 보조부대가 되어주었다. '사회적 이슈들' 은 보수정치가 강력한 대중적 기반을 구축, 조직하고, 또 상징적 적-그 속에서 성 자유주의, '방임주의', '성적 무정부 상태' (말이야 구구하다) 등은 사회적 병폐에 대한 설명항이 된다-을 집중 타격함으로써 사회불안을 획책할 수 있는 그럴듯한 이데올로기적 골격을 제공해주었다. 미국에서 이 신종 도덕정치는 상당한 잠재적 지지층을 불러모았다. 그 지지층이란 카톨릭교도들, 신흥 프로테스탄스트 교도들, (몰몬교도들과 전투적인 유대교도들 사이에 부활한) 종교적 근본주의, 불만에 찬 시골 선거권자들, 여성해방운동이 제기한 위협에 당혹해 하는 여성들이었다. 낡은 정당 메카니즘이 쇠퇴하고 단일쟁점형 캠페인이 날로 강세를 더해가는 유동적 정치상황 덕에 우파는 효과적으로 자신의 지지세력을 만들어낼 수 있었다. 미국은 차츰 도구적 정치 instrumental politics에서 상징적 이슈로 정치적 상황이 대치되어가는 도정에 있는 듯 하다.*25 전통적인 정치적 경계선과 계급적 사회구분이 훨씬 견고한 다른 주요 산업국가의 경우, 상황이 미국만큼 진행된 것은 아니다. 하지만 영국조차 (비록 부차적이기는 했어도) 1979년과 1983년 총선거에서 마가렛 대처와 그녀가 이끄는 보수당이 지지를 끌어낼 수 있었던 주요 요인 중 하나는 가족의 보호라는 기치였고, 추후 사회적 기강, 법, 질서의 회복이라는 슬로건은 대처측의 3차 재선 시도에서 핵심적 **모티브**가 되었다.

　보수적 성정치의 성공은 다양하게 나타났다. 서구 어디든 근본적으로 공론상의 변화는 그다지 심지 않았다. 특히 낙태와 같은 이슈에 대해서는 여전히 분명한 자유주의적 입장이 견지되고 있다. 동성애에 관해서도 1960년대 방임주의의 시대보다 훨씬 관대한 태도가 나타나고 있다. 그렇지만 보수적 성정치는 통치집단 내부에 대한 영향력을 가졌던 덕에 정치관계에 상당한 결과를 미쳤고 미국의 경우, 전반적인 논의의 어조는 물론 낙태, 성교육, 포르노그라피에 관한 공공정책의 초점이 이동되었다. 법적 경과가 공공정책 형성에 결정적 요인이 되는 미국같은 정치문화내에서 레이건 행정부가 보수주의적 판사들을 고등법원에 임명했다는 것은 1990년대의 도덕적 분위기도 1980년대의 신 우익주도의 상황과 크게 다를 바 없을 것이라는 점을 시사한다.

　하지만 이 후안무치한 도덕정치가 빚어낸 가장 강력한 효과는, 그것이 급진사회운동의 분열적 경향을 초래했다는 점이리라. 이 점에서 특히 포르노그라피를 둘러싼 논쟁은 예시적이다. 도덕적 보수주의자들에게 있어 포르노그라피란 사회적 타락의 가장 명증한 상징이었다. 포르노그라피야말로 섹스와 도덕적 가치의 분리를 가장 생생하게 드러내 주었기 때문이다. 여성해방운동가들에게도 포르노그라피란 결정적인 이슈였다. 왜냐하면 포르노그라피는 여성에 대한 성적 착취를 생생히 표상하는 것으로서, 남성적 권력의 심장부를 생생히 비춰주었기 때문이다. 하지만 일부 여성해방운동가들은 한술 더 떠 포르노그라피는 폭력의 표상일 뿐 아니라 실제 반여성적 폭력**이고**, 따라서 여성해방운동의 결정적인 적이라고 간주했다. 그 결과 미국과 여타 지역에서 포르노그라피 금지를 위한 법적 시도에서 일부 여성해방운동가들과 도덕적 보수주의자들의 묵시적인 제휴를 맺게 되었다.*26 물론 그 둘은 목적이 달랐듯이 출발점도 서로 달랐다. 그렇지만 그러한 제휴를 통해 양쪽 캠페인의 날카로운 차이들은 희미해졌고, 많은 이들이 이 표면적인 전술적 책략을 급진 성정치의 근본적 철회로 받아들이게 되었다.

이는 특별히 근대 여성해방운동으로부터 많은 자극을 받아왔던 현재 성정치 내부에서 성정치의 위상을 둘러싼 논쟁을 촉발했다. 일찍감치 '성차별주의의 정치학'과 '욕망의 정치학' 사이에 잠재적 차이가 존재한다는 점이 간파되고 있었다.*27 전통적 '성정치'의 지형이었던 전자의 경우 무엇보다 여성 예속의 현실-경제적 사회적 성적 예속-에 관심을 경주하였다. 1970년대에는 여성 억압을 영속화하는 남성지배적 성적 약호체계 codes, 특히 '강제적 이성애 compulsory heterosexuality'에 대한 부단한 강조가 있었다. 이러한 강조는 성을 간과하거나 여타의 쟁점에 비해 부차적인 것으로 간주했던 기존 성정치에 가치있는 교정자가 되어주었다. 또한 이는 성폭력, 강간, 아동의 성적 착취, 포르노그라피, 그간 계속 중시되어왔던 여성동성애주의의 정치성과 같은 여러 문제들을 새롭게 숙고하도록 하였다. 하지만 그것은 남성성과 여성성의 차이에 관해, 그리고 남성적 권력과 욕망의 희생양으로서의 여성을 다시 한번 강조하는 결과를 초래했다. 앨리스 에콜스 Alice Echols는 이에 관해 다음과 같이 논평했다.

> 최근 여성해방운동이 이른바 여성적 원칙의 재발굴과 확립이라는 말과 동의어로 되면서, 여성에 관한 지배적 가설들을 반영하고 또 재생산하게 되었다.*28

즉 여성해방운동이 남성의 공격성, 여성의 수동성이라는 관습적 신념과 공모관계를 맺게 되었던 것이다. '욕망의 정치학'이 여성해방운동가들 사이에서 요란스럽게 등장한 것은 바로 이에 대한 반대로부터였다. 욕망의 정치학이 폭력과 착취를 둘러싼 논쟁에서 제기되었던 여러 이슈를 무시한 것은 아니었다. 하지만 욕망의 정치학은 성적 자유의 긍정적 가능성, 권력 뿐 아니라 쾌락의 문제들에 대해, 희생양화는 물론 선택의 문제들에 대해서도 강조하기를 잊지 않았다.

사실 이 두 가지 경향을 대립적이라고 보는 것은 몇 가지 점에서 잘못이다. 여성의 희생양화에 관심을 집중시키는 이들도 나름대로 자신의 성적 만족에 대한 상을 가지고 있는 법이다. 욕망의 정치학을 옹호하는 이들이 여성에 대한 지배와 예속의 구조가 지는 힘에 대해 이해하고 있듯이 말이다. 그렇지만 이 두 가지 경향이 강조점이 다르다는 점은 몇 가지 관건적인 쟁점을 제기한다. 이 쟁점들은 1970년대 후반에서 80년대 초반 사이에, 사도마조히즘, 동성애와 포르노그라피와 같은 논제를 둘러싸고 여성해방운동을 양극화시키면서, 여성해방운동의 대열을 재편시켰다.*29 그리고 지난 세대의 변화 속에 상당히 그릇되고 부당한 점이 있다는 믿음도 팽배했다. 즉 남성들에게는 성적 자유인 것이 여성에겐 실제로 성적 예속을 증대시키는 것이었다. 동시에 60년대 이전의 권위주의적 유산의 상당수가 불변적으로 남아있다는 깨달음도 늘어갔다. 법률과 사회적 관습은 여전히 성적 선택을 제한했고, 이는 성적 선호와 재생산권리에서부터 출판물이나 시각적 재현물의 자유로운 배급에 이르기까지 모든 점에서 고루 나타나고 있었다.

성적 다양성이 끝없이 증대되는 현실에서 이에 대응하는 최선의 방편은 무엇인가라는 질문, 이 질문이 성정치의 딜레머 한가운데에 자리잡고 있다. 이제 이런 복잡미묘한 쟁점을 다룰 때, 많은 이들이 정치, 가치 그리고 윤리는 서로 분리된 영역이 아니라는 점을 명확히 깨닫고 있다. 요컨대 그 세 가지 영역은 근대적 성정치 내부에서 불가분하게 얽혀 있는 것이다.

주

1. Alfred C. Kinsey, Wardell P. Pomeroy and Clyde E. Martin, *Sexual Behavior in the Humane Male*, W. B. Saunders, Philadelphia and London(1948), 21쪽.

2. Dennis Altman, 'Sex: the new front line for gay politics', *Socialist Review*, No. 6, sept. oct. 1982.

3. 1982년 3월 27일에 행한 연설.

4. Ronald Butt, 'Lloyd George knew his followers', *The Times* (London), 1985년 9월 19일자.

5. 다음에서 재인용. Michael Tracey and David Morrison, *Whitehouse*, Macmilan, London(1979), 117쪽.

6. 이러한 흐름에 대해서는 다음의 논의를 참조하라. Jeffery Weeks, *Sex, Politics and Society. The Regulation of Sexuality Since 1800*, Longman, Harlow(1981), 13장 그리고 *Sexuality and its Discontents. Meanings, Myths and Modern Sexualities*, Routledge and Kegan Paul, London (1985), 2장.

7. 다음에서 재인용. Virginia Ironside, 'How Mrs Gillick has hijacked morality', in *The Guardian*(London), 23 July 1985. 십대들의 성에 관한 논의로는 다음을 보라. Judith Bury, *Teenage Pregnancy in Britain*, Birth Control Trust, London(1984).

8. Robert Chester, 'The rise of the neo-conventional family', *New Society*, 9 May 1985.

9. 이것에 대한 예는 다음을 참조하라. Eleanor D. Macklin, 'Non-traditional famimly', *Journal of Marriage and the Family*, 42, 1980, 905-22쪽 그리고 R. N. Rapaport et al., *Families in Britain*, Routledge and Kegan Paul, London(1982)에 수록되어 있는 글들.

10. 보다 충분한 논의로는 Dennis Altman, *AIDS and the Mind of America*, Doubleday, New York(1986), 그리고 영국에서의 이와 관련한 논의로는 *AIDS and New Puritans*, Pluto, London(1986) 그리고 나의 논평

은 Sexuality and its Discontents, 44-8쪽을 참조하라.

11. 다음에서 재인용. *Daily Telegraph*(London), 5 October 1985.

12. Susan Sontag, *Illness as Metaphor*, Penguin, Harmondsworth(1983).

13. Digby Anderson, 'No moral panic - that's the problem', *The Times* (London, 18 June 1985).

14. S. Sontag, 위의 책.

15. *New York Post*, 24 May 1983, Sunday Express, 24 February 1985.

16. 이에 관해서는 다음을 참조하라. Mury S. Davis, *Smut: Erotic Reality/Obsene Ideology*, University of Chicago Press, Chicago and London(1983).

17. Home Office, Scottich Home Department, *Report of the Committee on Homosexual Offences and Prostitution*, Cmnd 247, Her Majesty's Stationary Office, London(1957).

18. 이와 관련해서는 내 책 *Sex, Politics, and Society*, 13장을 참조하라.

19. Ellis, *The Psychology of Sex*, William Heinemann, London(1946; 초판 1933년), 183쪽.

20. Stuart Hall, 'Reformism and the legislation of consent', in National Deviancy Conference(ed.), *Permissiveness and Control. The Fate of the Sixties Legislation*, Macmillan, London(1980); Tracey and Morrison, Whitehouse, 67쪽.

21. Malcolm Potts, 'America's battle over abortion', *New Society*, 7 Feburary 1985.

22. Home Office, *Report of the Committee on Obscenity and Film Cenorship*, cmnd 7772, Her Majesty's Stationary Office, London(1979).

23. Mary Warnock, *A Question of Life. The Warnock Report on Human Fertilisation and Embryology*, Basil Blackwell, Oxford(1985).

24. 이에 관해서는 다음을 보라. 'The New Right: a special report', *Conservative Digest*, June 1979.

25. 이에 관한 논의로는 다음이 있다. Jerry G. Pankhurst and Sharon K. Houseknecht, 'The family, politics and religion in the 1980s', *Journal of Family Issues*, 4, 1983, 5-34쪽.

26. 이에 관한 예로는 다음을 보라. 'The war against pornography', *Newsweek*, 18 March 1985, 58-67쪽.

27. Kenneth Plummer, 'Sexual Diversity: a sociological perspective', in K. Howells(ed.), *Sexual Diversity*, Blackwell, Oxford(1984).

28. Alice Echols, 'The new feminism of yin and yang', in Ann Snitow, Christine Stansell ank Shron Thompson(eds.), *Desire: The Politics of Sexuality*, Virago, London(1985), 62쪽.

29. 캐롤 밴스는 다음의 책에서 이에 대해 논의하고 있다. C. Vance(ed.), *Pleasure and Danger. Exploring Female Sexuality*, Routledge and Kegan Paul, Boston and London(1984). 또한 다음을 참조하라. J. Weeks, *Sexuality and Its Discontents*, 9장.

사회가 점차 복잡해짐에 따라,

개별적인 성적 욕구와 친교유형도 더욱 낯설게 바뀔 것이다.

나는 이 글에서 단순한 시류따라잡기 이상의 사고가 필요하다고 강조하였다.

사회적, 도덕적 다원주의의 증대에 따라 이곳 저곳에서 분출하게 될

여러 가능성을 완전히 수락하는 것

그리고 그에 따르는 어떤 모호함과 잠재적 갈등을 마다지 않고

성적 다원성과 선택의 미덕을 감싸안는 것.

성전통은 우리가 '성'이라고 알고 있는 일괴암적인 구조물을 물려주었다.

그리고 최근 수년간, 성을 둘러싼 허위적 주장들이 틈이 가기 시작했고,

그 주장들의 미심쩍은 본질이 만천하에 드러나게 되었으며,

그 억압적 효과들이 폭로되었다.

지금이야말로 개인적 욕구와 갈망에 대해,

그리고 그것을 만족시킬 수 있는 사회적 방책들

-요컨대 사적인 쾌락과 공적인 정책들 사이의 적절한 균형-에 대해 재고하기 시작할 때이다.

그리고 도덕적 다원주의를 진정으로 받아들임으로써,

우리는 그 변혁의 출발점에 설 수 있을 것이다.

6장. 사적 쾌락과 공적 정책

인간 본성이 역사적이라면 개인들은 서로 다른 역사를 가질 터이고, 따라서 서로 다른 욕구를 가질 것이다.
마이클 이그나티에프 Michael Ignatieff[*1]

우리가 성에 관해 던질 수 있는 질문은 여러가지이다. 의무와 강제에 대한, 도덕과 부도덕에 관한, 선과 악, 건강과 병, 진리와 오류에 관한 의문들. 그리고 이러한 이분법(교묘하지만 그렇다고 너무 그렇기만 하다고는 할 수 없는)을 둘러싼 논란이 지난 2천년간 성 담론을 지배했다. 그에 대한 답변이 어떤 방향을 취하든, 이 모두는 사람들이 선한 (도덕적인, 위생적인) 삶을 영유하기 위해 어떻게 행동해야 할지 처방하고, (가끔은 강제적으로) 주지시키는 데 큰 비중을 두고 있었다. 그러나 우리는 이 글 전체에서, 성이라는 관념에 너무나 많은 가설들이 부하되어 있다는 것 그리고 성이라는 관념이 담을 수도 없고 또 담아서도 안되는 여러가지 기대의 하중에 깔려 전혀 쓸모없게 되었음을 일관되게 주장하였다. 게일 루빈이 온당하게 말했듯이, "섹스행위는 의미의 과잉으로 짓눌려 있다."[*2] 우리는 그 부하를 덜어내야 한다.

이를 위해 우리가 해결해야 할 중요한 곤란 가운데 하나가, 지난 백여년간 우리에게 무엇이 선하고 악한 행동인지, 무엇이 적절하고 부적절한 행동인지를 떠들어댄 성전문가들의 특권적 역할이다. 1929년 국제성개혁연맹회의 Congress of the World League for Sexual Reform 의장 연설에서 마그누스 히르쉬펠트는 이렇게 선언했다. "과학에 기반한 윤리만이 건전한 윤리체계일 수 있다."*3 이 주장 뒤에 깔린 충정은 그 자체 고매한 것이었다. 성과학 혁명의 첫번째 국면에 등장했던 다른 선각자들처럼 히르쉬펠트 역시, 편견, 종교적 도덕주의, 권위주의로 가득찬 성의 율법이 신생 성과학으로부터 쏟아지는 이성의 빛 앞에서 소멸하게 될 것이라는 새로운 계몽의 시대를 고대했다. 히르쉬펠트, 하브록 엘리스와 아우구스트 포렐 Auguste Forel(1929년 국제연맹의 공동의장) 등의 성과학자들 역시 성개혁의 후견자들었던 데서 알 수 있듯, 성지식과 성정치는 손을 맞잡고 전진했다. 그리고 여성해방적 산아제한론자들부터 동성애 권리운동가들에 이르는 다양한 색조의 개혁가들 역시, 예의 성과학자들로부터 자신들의 활동을 고양할 지침을 찾아내고자 했다. '과학을 통해 정의로 Through science to Justice', 히르쉬펠트는 이 유명한 구절을 자신이 이끌던 과학적 인도주의자 위원회의 표어로 선언했다. 그것은 전체 성개혁운동의 모토였다. 그렇지만 지금도 마찬가지이긴 하지만, 이 새로운 과학의 통찰들이 그리 간단하지도 통일적이지도 않았다는, 투박하게 말해 성과학자들간에 의견이 천차만별이었다는 문제가 있었다. 동성애자 활동가들은 자신들의 주장을 사회적 정의와 부합시키고자 자신들이 생물학적으로 부여된 '제3의' 혹은 '중간적 intermediate' 성에 귀속된다는 히르쉬펠트의 주장에 목을 맸다. 하지만 1933년 이후 히르쉬펠트의 출판물과 이론적 유산을 분서갱유한 나치당 역시 동성애자들을 새로운 도덕적 질서로부터 파문하기 위해 이와 거의 유사한 주장 즉 동성애자는 생물학적인 변종이라는 주장을 활용했고, 과학자들 역시 이 주장을 지지했다. 성과학자들은 성은 비옥하고 변화무쌍한 대륙이라는 사실을 밝혀주었지만, 또한 규범화 제도 normalizing institutions에, '치료법'적 시도에, 인구를 둘러싼 문제들과 '정신박약자'의 증식에 대한 우생학적 해결방법에 자신들의 힘을 빌려주기도 하였다. 하브록 엘리스는 단지 성개혁가이기만 했던 것은 아니었다. 그는 또한

'최우량종'을 만들어내기 위한 우생학적 육종론(불가피하게 계급적, 인종적 편견으로 점철된)의 지지자이기도 했다. 부부애에 관한 글들이 누적되면서, 여자들 또한 만족과 쾌락을 누릴수 있는 성적 존재라는 믿음이 조성되었다. 하지만 결혼전문가들도 독신 여성을 병리화하는 데, 그리고 '불감증적인' 여성들을 헐뜯는 글들을 써제끼는 데 혈안이었다.

성계몽운동이 제기하는 주장의 궁극적인 도덕적, 정치적 함의는 애매하기 짝이 없었고, 실상 전통적 혹은 권위적 입장을 과학적으로 정당화하고 있다는 점에서 위험스럽기까지 했다. 1920년대 무렵 사회청교도 조직들은, 얼마간 변용되긴 했지만 근본적 규범성이라는 면에서 매일반이었던 자기네들의 입장을 떠받치기 위해 엘리스, 프로이트 및 다른 여러 논자들의 글에 기댔다. 그후 반세기 동안 성과학은 열정적인 성혁명의 옹호에서 맹렬한 성적 정통의 방어에 이르기까지, 수많은 도덕적 입장들을 정당화하는 데 동원되었다. 오늘날에는 도덕적 홍행업자조차 이론적 성격이 희박한 자신의 입장을 보강하기 위해 성차와 도착을 설명하는 호르몬이론에서부터 불평등의 불가역성을 정당화기 위한 사회생물학의 '은밀한 속삭임'에 이르기까지, 여러 유사과학적 주장의 백과사전에 도움을 청한다.

그렇다고 육체 혹은 정신의 활동에 관한 어떤 과학적 이해의 시도도 거부하자는 것은 아니다. 하지만 성과학만이 육체의 진리에 관한 객관적 지침을 제공하고, 그렇기에 우리가 개인적, 사회적 삶을 살아갈 때 그러한 율법에 반드시 의존해야 한다는 주장은 거부해야 마땅하다. 다른 모든 과학처럼 '성의 과학'은 다양한 사회적 관계망 속에 얽혀 있다. 따라서 우리는 특히 그러한 주장들이 극히 모순되게 인간을 다룰 때, 그러한 주장이 어디에서 발단했는지를 예의 주시하면서 성과학의 무모한 주장들을 고쳐가야 한다.

성과학이 견지하고자 고군분투했던 성전통에 맞서, 나는 이 글에서 성이라는 관념을 **문제화 problematize**하고자 애썼다. 그리고 복잡다단한 역사로부터 성이 어떻게 등장하고, 그것이 권력관계내에서 어떤 함축을 갖는지, 특정한 성애적 행위의 형태를 고수하고 규범화하며 다른 형태들을 주변화시키기 위해 성이 어떻게 안내되는지, 성이 산출한 다양한 도전들로부터 비롯된 의미의 위기가 어떻게 전개되는지 보여주고자 노력하였다. 하지만 성의 지형을 숙고할 때에 중요하게 감안해야 할 문제가 한 가지 남아 있다. 그것은 지금 우리 시대에 성이 개인의 삶에 어떤 위치를 차지하는가이다. 이는 절대 묵과할 수 없는 문제이다. 우리가 어떻게 삶을 살아가야 하는지에 관한 오래된, 정말 오래된 윤리의 문제가 그 한복판에 자리잡고 있기 때문이다.*4

우리는 성의 의미작용 속에 깃든 본질주의를 비판함으로써 은밀히 성의 문제를 관할하는 여러가지 가설을 규명할 수 있고, 성의 새로운 문제영역, 이를테면 역사, 권력, 의미, 다양성, 선택 등의 영역을 논의할 수 있을 것이다. 하지만 성의 윤리에 관한 글들이 봇물처럼 쏟아져도 여전히 전인미답의 영역으로 남아 있는 미지의 땅, 성의 윤리에 어떻게 우리가 당도할 수 있을지를 알려줄 변변한 항해지도 한 장 마련되어 있지 않다. 그 이유는 매우 분명하다. 성과학-이미 그 원래의 힘의 많은 부분이 반대방향을 향하고 있었다-은 종교적 존재론에 대안적 세계관을 제공했다. 그것은 단지 편견이나 전통에 다름아니었던 여러 진실들과 달리, 자연의 진실을 벗겨냈다고 장담했다. 하지만 그 과학적 지식마저 의심스러운 것이라면 이제 우리 수중에는 어떤 주장이 남아있을까?

우리가 성과학에 의해 제기된 성가치의 위계를 거부한다면, 정상적인 것과 비정상적인 것은 어떻게 구분될 수 있을까? 푸코가 사드를 참조하며 말했던 것처럼 '성이란 그 독자적인 본성에 의해 형식화될 수 있을, 어떤 규범도 내적인 규칙도 갖고 있지 않다'고 한다면,*5 우리는 어떻게 적절한 행동과 부적절한 행동을 구별할 것인가? 만약 더 이상 성이 내적으로 위협적이고 위험한 것도 아니고, 해방적이고 선한 것도 아니라고 한다면, 어떻게 도덕주의와 자유주의 간의 진퇴양난을 피할 수 있을까? 그리고 마지막으로, 본질주의때문에 낡은 '성혁명'의 정치학을 더 이상 받아들이기가 어렵고, 내밀한 권력의 작용내에 성이 불가역적으로 얽혀 있기 때문에 선험적인 '성해방'을 신뢰하기가 어렵다고 한다면, 성정치의 전망은 무엇일까? 최근의 해방운동은, "그 운동들이 새로운 윤리학을 다듬을 어떤 토대도 찾아낼 수 없었다는 사실로 인해 커다란 난관을 겪고 있다... 그리고 그 윤리학이란 자아는 무엇인가, 욕망은 무엇인가, 무의식이란 무엇인가 등등의, 소위 과학적 앎에 기반한 윤리학과는 다른 어떤 것"이라고, 푸코는 말년의 어느 인터뷰에서 생각을 밝힌 적이 있다.*6 아다시피 '과학적 앎'에는 자아는 무엇인가, 욕망이란 무엇인가, 그리고 심지어는 무의식같은 것이 있기는 있는 것일까 따위의 질문에 대한 답들이 있지만, 그 대답들은 혼란과 모순으로 가득차 있다. 하지만 우리가 이런 과학의 지침들을 부정한다면 무엇이 더 남아 있다는 것일까?

생을 마감하기 바로 전에 출간된 두 권의 (성의) 역사에서, 이런 딜레마를 붙잡고 늘어졌던 푸코의 마지막 시도가 극히 완곡하게 표현된 것은 시사하는 바 많다. 겉보기에는 두 권의 책이 고대 그리이스인들과 로마인들의 삶에 대한 태도를 평범하게 고증적으로 해석하고 있는 듯이 보인다.*7 하지만 그 완곡함 그리고 당면 문제들에 대한 정면대결의 기피는 무엇이 관건이었던가를 밝혀준다. 그는 한 가지 핵심적 측면에서 우리 동시대인들보다 그리이스인들과 로마인들을 선호한다. 기독교 이후 시대 사람들인 우리들처럼 고대인들 역시 종교나 어떤 다른 선험적인 정당화에도 바탕을 두지 않고, 또 전혀 과학에도 기대지 않은 채 자신들의 윤리를 세공해야 한다는 어려운 과제를 안고 있었다. 그들도 우리처럼 성(그들에겐, 이에 가장 비슷한 것일 아프로디지아 aphrodisia가 있었다)을 둘러싸고 있는 여러가지 도덕적 질문에 노심초사하고 있었다. 사실 그들이 골몰했던 관심사들 대부분(육체에 관한, 남성과 여성 사이의 관계에 관한, 남성과 남성 사이의 관계에 관한 관심들)은 지난 2천년간 존속해온 문제이다. 하지만 우리와 달리 그들은 성 그 자체를 부정적 가치나 도덕적 공포의 담지자로 만들어 버리는 그 어떤 법제적 시도도 하지 않았고, 또 가치나 공포에 기반한 외재적 행위규칙에 개인을 예속시키려 시도한 적도 없었다. 그 대신 그들은 '존재의 미학 aesthetics of existence', 절제와 과잉이 균형을 이루는 삶의 기술, 정돈된 쾌락을 유지시켜주는 자기-규율 self-discipline을 추구했다.

그들은 자기에 대한 앎 self-knowledge의 방법들, 자아의 기술, 섭생의 문제들(개인들이 육체와 맺는 관계), 경제학(가장의 행동) 그리고 성애 the erotic(남자들과 소년들 간의 관계)를 둘러싼 여러가지 행위규칙에 몰두했다. 다른 말로 그들은 성에 관한 어떤 핵심적 진리가 아니라, 개인이 구체화되는 일단의 관계들에서 비롯되는 다양한 삶의 양식을 추구했다. 그들은 쾌락이라는 목표를 무시하지도 않으면서, 그렇다고 해서 그 유해한 힘에 굴복하지도 않는, 나름의 쾌락의 활용을 정의하고자 했던 것이다.

물론 푸코는, 그것이 우리 시대에도 역시 전범이 되어야 한다고 주장하는 것은 아니다. 이는 여성들, 아이들, 노예들을 배제한 '자유인들'의 윤리였다. 그는 그 시대를 황금시대로서 소환하는 것을 원칙적으로 반대한다. 게다가, 정작 고대 세계는 황금기를 구가하지도 않았다. 하지만 에두른 투로 그가 한 시대를 우리 시대와는 전혀 다른 세계로 탐문하고 있을 때, 그는 우리 자신의 욕구와 갈망을 되새김할 수 있을 거울을 찾고 있었다. 그는 우리에게 결여된 것은 어떤 초험적 진리가 아니라 다양성과 공존할 수 있는 삶의 기술이라고 말한다. 즉 우리에겐 절대적 가치에 바탕을 둔 도덕이 아니라, 다양한 선택에 대처할 수 있는 윤리학(나는 여기에 정치학을 덧붙이고 싶다)이 필요한 것이다. 결국 푸코는 우리로 하여금 고대 세계의 존재방식을 답사하도록 안내함으로써 오늘날 타당한 삶의 양식이 무엇일지 성찰하도록 요청한다.

그렇다면 근대적인 성윤리의 기반은 무엇일까? 푸코가 '성행위'의 자유와 '성적 선택'의 자유를 구별했던 것 속에서 우리는 이에 답할 수 있는 몇 가지 단서를 얻을 수 있을 것이다. 그는 자유로운 성행위라는 관념의 경우, 강간같은 폭력 행위를 승인하고 있다고 간주하고, 이를 거부한다(물론 이는 전래의 성전통에서 취하는 성의 윤리이다). 대신 그는 성적 선택의 자유에, 그가 말하는 바대로라면, '선택을 표명하거나 표명하지 않을 자유' 쪽에 찬성을 보낸다.*8 이 주장은 선택을 의미있게 만드는 사회적 관계들의 성격에 큰 비중을 둔다. 우리는 지금 행위의 본성을 판별하려는 집착에서 벗어나, 참여자들에게 그 행위의 맥락과 의미를 고려하도록 하는 상황으로 옮겨가고 있다. 나는 이미 다양성에 관한 장에서 이러한 생각이 가진 몇 가지 함의를 살펴 본 바 있었다. 다양성이라는 개념은, 근본적 도덕성에 바탕을 둔 절대주의적 도덕에서 벗어나, 다양한 취향의 인정에 바탕을 둔 다원주의적 윤리를 지향한다. 나는 다음에서 그 개념의 내포적 의미를 좀더 부연하고자 한다.

나는 다른 글에서 앞에서와 같은 접근방법을 '급진 다원주의'-다양한 취향, 쾌락 및 관계의 사실성을 인정한다는 점에서 다원주의적이고, 세계가 복잡화됨에 따라 사회의 다양성도 심화됨을 긍정한다는 점에서 급진적이다라고 불렀다. 루빈은 이렇게 말한다.

(지금껏 수많은 변화가 실제로 이루어졌음에도 불구하고) 우리 문화는 항시 의혹의 눈으로 성을 바라본다. 나아가 어떤 성행위에 대해서도 가능한 최악의 표현을 사용해 묘사하고 판단한다. 섹스는 무고함이 입증될 때까지 죄악의 혐의를 받는다.*9

도덕적 다원주의는 이와는 다른 신념에서 출발한다. 즉 성 그 자체는 악하지도 선하지도 않으며, 도리어 상당한 가능성과 잠재성의 영역이라는 것 그리고 그러한 가능성과 잠재성은 그것이 발생되는 맥락에 따라 판단되어야 한다는 것이다. 그 결과 도덕적 다원주의는 다양성을 우리 문화의 규범으로 인정하고, 성을 사유할 수 있는 여러 적절한 경로를 마련해준다. 물론 어려움은 많다. 사실 많은 점에서 도덕적 다원주의를 선뜻 받아들이기 어렵다. 언제나 우리의 행동규범을 정확히 일러주는 도덕률에 따르고, 그럼으로써 곤혹스런 개인적 선택의 수고를 피하는 게 훨씬 속편한 일인지도 모른다. 급격한 사회적(그리고 도덕적) 변화가 나타나고 새로운 사회적 가능성, 정체성, 생활양식이 출현하는 사회적 분위기에서 절대적인 도덕적 공리(이는 개인적, 사회적 정체성을 이미 주어진 어떤 확실성의 세계에 고정시킨다)에 다시 한번 투항하고 싶을 수도 있다. 앨빈 굴드너 Alvin Gouldner가 갈파했듯이, 도덕적 절대주의는 비결정성 indecision이라는 '고르디우스의 매듭을 잘라버림'으로써*10, 어떤 의혹과 불안도 감쪽같이 없애버리고, 정의의 군대가 진군하도록 길을 닦아준다. 하지만 절대주의적 전통과 달리, 급진 다원주의적 접근방법은 가설적이고 잠정적이며 개방적이다. 그것은 자유의지론적 전통-특히 그 전통의 '성 긍정적' 태도라고 부르는 것-의 한 요소를 공유한다. 하지만 동시에 이 입장은 의미와 맥락, 권리와 선택의 담론이 갖는 의의를 파악하기 때문에, 자유주의 전통처럼 여러 분할체들을 사려깊게 인정한다. 그렇지만 급진 다원주의가 그 양대 전통(자유의지론과 자유주의)과 구별되는 점은, 결국 성이 사회적으로 생산되고 다양한 권력관계내에 체현되어 있음을 인정하는 것이다. 따라서 급진 다원주의의 목적은 다시 한번 그 어떤 절대적 가치를 수립하는 것이 아니라, 새로운 의사결정의 지침을 마련하는 것이다. 급진 다원주의는, 그것이 여성해방운동에서 파생했든 사회주의에서 파생했든(이 양대 정치적 담론은 몇몇 지점에서는 도덕적 관점에 기댄다), '근본적 도덕 a radical morality'의 유혹을 거절한다. 그 대신 다원주의는 선택이 갖는 여러가지 미덕을 중시하고, 선택을 제한하는 다양한 조건에 더 강조를 둔다.

무엇보다 선택은 민주주의를 내포한다. '민주주의'란 성의 영역에 적용하기에는 조금 껄끄러운 말처럼 보일 수도 있다. 하지만 자신의 육체에 관한 통제의 권리를 주장할 때나, '우리의 육체는 우리 자신의 것이다'라고 말할 때, 이 속에는 민주주의라는 개념이 배어 있다. 17세기 청교도혁명의 자유주의적 뿌리 속에는 '자기 자신의 소유 property in one's own person'라는 관념이 둥지를 틀고 있었다. 또 마르크스주의적 전통은 인간 욕구가 조화롭게 충족되는 사회를 미래사회의 전망으로 제시한다. 생물학은 육체와 그것의 능력과 한계에 대한 이해를 도모하고, 이로부터 개인적 가능성의 경계를 판별할 수 있게 해준다. 이 세 가지 모두 모두 육체에 관한 자유로운 자기 결정을 제약하는 한계들을 파악하고 있다. 그들이 보기에 그러한 한계들은 육체적 생존, 정서적 친화, 사회적 활동의 필요를 위해 (전통적, 가부장적 권위를 통해, 부와 권력의 불균등한 분배를 통해, 또는 인성 그 자체의 한계를 통해) 작용한다. 여성해방운동은 그를 넘어서는 다른 한계작용들 즉 남성지배사회의 은밀한 강제, 사회관계 전반에 스며든 일련의 불평등을 파악한다. 카워드 Coward가 주장하듯이,

성적 배우자 선택의 자유에 관한 이야기를 들을 때, 우리는 시각적인 매력, 극히 오묘한 순간적 우울에서 터져나오는 사랑의 마술 따위의 이야기도 덤으로 같이 들을 수밖에 없다. 여성들은 어떻게든 자신이 매력적

으로 보이도록 해야 하고, 그로 인해 합당한 성적 행동이 무엇인지를 정의하는 일련의 문화적 신념에 예속된다. 여성의 외모는 숱한 문화적 가치에 뒤덮혀 있고, 여성들은 이런 가치 내부에서, 아니면 이럭저럭 그 가치에 대항하면서 자신의 정체성을 구성해야만 한다."*11

'민주적 도덕'은 파트너와의 교제방식, 서로에게 보여주는 배려, 강요 여부, 파트너들이 만족할 수 있는 쾌락과 욕구의 정도에 따라 그 성적 행동을 판단해야 한다고 주장해 왔다.*12 물론 이러한 것들은 극히 바람직한 목표이다. 하지만 자유로운 선택을 제한하는 여러가지 한계들을 감안하면, 민주적 도덕을 실천한다는 게 그리 쉬운 일만은 아니다.

우리가 살아가는 사회 속에는 자유로운 선택의 놀이를 제한하는 것들이 수두룩하다.

한편 선택이라는 문제가 제기될 때마다 우리를 괴롭히는 또 한 가지 쟁점이 있다. '선택의 한도는 어디까지인가?' 예컨대, 의도적이든 아니든 자신들이나 타인들에게 위해가 되는 행위를 선택할 때조차 사람들은 자유로와야 하는 걸까? 여기에서 문제는 물리적 피해(측정가능한)가 아니라, 심리적 혹은 도덕적 상해(통상 측정 불가능한)이다. 공정한 사회라면 여성을 착취적으로 표상하기 때문에 포르노그라피를 금지해야 하는 게 아닐까? 사도마조히즘적 섹스일 경우 그 유명한 문구대로 '사적으로 합의하는 성인들' 사이에는 관용되어야 하지 않을까? 물론 상해라는 말은 영 다루기 까다로운 말이다. 1930년대에 하브록 엘리스는 고전적인 자유주의 공리로 자리잡은 저 유명한 주장 속에서, 단 두 가지 경우에만 비난이나 간섭이 요구될 수 있다고 주장했다. 먼저 각 주체들이 자신들의 건강을 해칠 위험에 있고, 그래서 의료적이거나 심리적인 치료가 요청될 때, 다음으로 타인들의 건강이나 권리에 대한 침해의 위험이 있을 때. 두번째 경우에는, 법적인 개입의 권한도 인정되었다.*13 적어도 겉보기에 위에서 제시된 것들은 매우 분별있는 지침으로 보인다. 하지만 이는 한 가지 요인(최근 논의에서 이 요인은 날로 그 의의가 강조되고 있다)을 무시하고 있다. 그것은 '위해' 혹은 '상해'는 물리적일 뿐 아니라 도덕적인 것이기도 하고, 심리적인 것이면서도 동시에 감정적인 것이라는 점이다. 포르노그라피와 사도마조히스틱한 행위에 대해 일부 여성해방운동가들이 적대적 태도를 보이는 것은 폭력적 표상물이 폭력을 유발하고, 힘의 불균형을 즐기는 성행동이 현존 권력관계를 존속시킨다고 믿기 때문이다.

한편 이와는 다소 다른 논조로 일군의 여성해방운동가들이 강력한 이의를 제기하기도 했다. 이들에 따르면 위해적이라고 짐작되는 표상이나 환상을 억압한다고 해서 그것이 실제로 제거되기는커녕, 오히려 그 위해적인 힘만 강화된다는 것이다. 제시카 벤자민 Jessica Benjamin은 현재 우리 문화가 그녀가 이른바 남성적 도덕이라 지칭하는 것의 위기 그리고 성애적 환상의 부활에 직면해 있다고 주장하였다. 그의 주장은 이렇다.

> 이런 논점들을 부인하는 정치학, 삶의 성애적이고 환상적인 부분들을 정화하거나 합리화하려는 정치학은 결코 그 지배를 무너뜨리지 못할 것이며, 단지 그 지평을 방치하게 될 것이다.*14

그가 보기에, 단순한 자유의지론적 관용이든 도덕적 비난이든 모두 현실회피일 뿐이다. 급선무는 현실을 이해하는 일이다. 그렇다면 이해의 기반은 무엇일까? 그것은 다름아니라 성을 주조하는 복합적인 힘들-생물학적인 잠재성, 무의식적 동기부여와 욕망 그리고 사회조직-이, (이따금 우리의 냉정한 이해나 정치적 교정기준들과는 달리) 수많은 욕구와 소망을 창출할 수 있다고 수긍하는 것이다. 린 시갈 Lynne Segal이 말하듯, 성적 흥분이란 "모두 '좋지 nice' 만은 않은 수많은 욕구들에 의해 창출되고, 또 그 욕구들에 봉사한다."*15 이는, 내 생각이 옳다면, 성에서 옳고 그른 부분을 산뜻하게 분별하기가 너무나 어려움을 얘기해준다. 우리는 성의 양면적이고 모호한 특징들을 섬세히 판별하고, 그에 따라 행위해야 한다.

그러므로 성의 '선택'이라는 입장은 가능성들뿐 아니라 한계들에 대해서도, 긍정적인 목표에만큼 위험스런 샛길에도 주목할 것을 요구한다. 하지만 또다른 현실 즉 대립적인 선택들과 억압된 목표들 역시 고려되어야만 한다. 앞서 지적한 것처럼, 낙태를 둘러싼 찬반논쟁의 과정에서 궁극적으로 화해 불가능한 '권리'가 주장되었다(요컨대 태아의 권리 대 모성의 권리). 여기에는 '생명'에 관한 상이한 관점들 그리고 육체의 절대적 자율성에 관한 대립적인 주장들 등의 엄청난 생각의 차이가 존재한다. 하지만 설령 사회적, 정치적 입장이 같은 집단이라 하더라도 '선택의 권리'는 맥락에 따라 서로 다른 입장으로 나타날 수 있다. 따라서 낙태를 선택할 권리에 대한 여성해방운동의 주장도 낙태를 행할 권리가 아니라 선택을 행할 권리라는 의미로 변모해야만 한다. 흑인 여성이나 빈곤 여성이 자기의 가족규모를 제한하도록 조장되는(그것이 인종차별주의적 이유에서든, 그리고/혹은 인구정책적 이유에서든) 사회에서, 낙태권 요구는 한정된 층에만 적용될 것이다. 따라서 이런 맥락들이 공감되면서 1980년대 중반 영국의 경우, 여성해방운동가들은 단순히 낙태권 요구 캠페인에 머무르지 않고, 전체 여성의 '재생산 권리'를 보장하는 폭넓은 캠페인들-자신이 선택한다면, 임신중절의 권리뿐 아니라 강제 불임시술이나 강제 낙태에 반대하는 캠페인까지도 망라하는-을 펼쳐나갔다.

결국 선택이 강요되고 작용하는 맥락이 문제의 핵심이다. 성적 가치는 폭넓은 사회적 가치들과 분리되기 어려우며, 그 사회적 가치 역시 천차만별이다. 앞에서 우리는 성의 세계가 수많은 관계들(특히 인종적, 성별적, 계급적인 관계들)에 의해 분절화되어 있음을 살펴보았다. 즉 집단에 따라 다른, 심지어는 정반대되는 가치질서를 가지기도 한다. 예를 들면 가족을 분리하고자 획책하는 인종주의적 이민절차에 맞서 가족을 방어하고자 투쟁하는 흑인 여성해방운동가들에게, 백인 여성해방운동가들이 하는 가족 비판은 왕왕 인종중심적이고 억압적일 수 있다. 비슷하게 자신의 정당성을 공언하는 수단으로서 공개적으로 성적 선호를 선언하는 행위인 '커밍 아웃 coming out'에 우월한 가치를 두는 게이, 레즈비언 운동의 태도는 인종주의적 문화 속에서 살아가는 흑인 레즈비언, 게이의 욕구(이들은 가족체계와 성정치적 입장이 무엇이든 자신들의 출신공동체에 준거해 자신의 정치적 정체성을 확정하고 싶어한다)와 갈등을 일으킬 수도 있다.*16 따라서 선택이라는 담론은 상이한 개인적 욕구와 목표뿐 아니라 생존수단의 차이라는 문제에 대해서도 관심을 기울여야 한다.

한편 이외에도 강조해 둘 또 한 가지 중요한 요인이 있다. 다양성과 선택의 우월성이라는 담론은 각각의 고립적인 단자 monad들이 여러가지 선택가능성 가운데서 그 혹은 그녀의 마음대로 어느 하나를 선택한다는 식으로 순전히 개인의 의식적 행동으로 이해될 위험이 다분하다. 하지만 지난 20여년간의 성정치학이 교훈적으로 가르쳐주듯, 궁극적으로 개인의 선택을 보증하는 것은 집단적 행동일 뿐이다. 새로운 정치 주체들-여성해방운동, 레즈비언과 게이 그리고 성적 소수집단들, 흑인, 평화운동가, 생태주의자 등-은 서구의 정치적 생태계의 변화를 극적으로 변화시켰고, 때로 서구의 대의정치체제의 작동에 심대한 영향을 미치기도 했다. 하지만 우리는 서구의 성적 현실을 변화시킨 이러한 운동의 성과로 여성과 동성애자들이 새롭게 개인적 자기주장을 할 수 있게 되었음을 잊지 말아야 한다. 새로운 성적 욕구와 욕망의 언어, 이는 모두 전적으로 '집단적 자아 실천 collective self activity'이라 부를 만한 집단적 실천의 산물이다.

집단적인 실천이라는 문제는 성정치학이 보다 광범위한 사회적 맥락, 그것의 도덕적, 정치적 질서로 회귀하는 바로 그 지점에 있다. 우리의 선택들은 결국 성 그 자체에 내재해 있는 그 무엇에 의해서가 아니라, 우리가 채택하고 있는 보다 넓은 가치와 목표들의 집합에 의해 결정된다. 이로부터 우리는 민주주의라는 이상을 다시 한번 숙고하게 된다. 성 민주주의는 개인적인 잠재성과 성장을 한정하는 장애물들-경제적 착취와 계급, 인종적 억압과 성별 불평등, 도덕적 권위주의와 교육적 불이익, 빈곤과 생활불안이라는 장애물들-이 점차 소멸해가는 보다 폭넓은 민주화 과정을 그 안에 포함하고 있다. 하지만 그렇다고 그 어떤 실재적인 곤란, 욕구와 이해관계의 실재적 분할, 우열이나 욕망, 의지, 당위를 둘러싼 실재적 갈등이 죄다 소멸할 것이라고 주장해서는 안될 것이다. 반대로 성 민주주의의 목적은 이런 차이들과 갈등들을 민주적으로 해소할 수 있는 수단을 최대화하는 것이다.

사회가 점차 복잡해짐에 따라 개별적인 성적 욕구와 친교유형도 더욱 낯설게 바뀔 것이다. 나는 이 글에서 단순한 시류 따라잡기 이상의 사고가 필요하다고 강조하였다. 요컨대 사회적, 도덕적 다원주의의 증대에 따라

이곳 저곳에서 분출될 여러 가능성을 완전히 수락하는 것 그리고 그에 따르는 어떤 모호함과 잠재적 갈등을 마다지 않고 성적 다원성과 선택의 미덕을 감싸안는 것이 중요하다. 성전통은 우리가 '성'이라고 알고 있는 일괴암적 monolithic인 구조물을 물려주었다. 그리고 최근 수년간, 성을 둘러싼 허위적 주장들이 틈이 가기 시작했고, 그 주장들의 미심쩍은 본질이 만천하에 드러나게 되었으며, 그 억압적 효과들이 폭로되었다. 지금이야말로 개인적 욕구와 갈망에 대해, 그리고 그것을 만족시킬 수 있는 사회적 방책들-요컨대 사적인 쾌락과 공적인 정책들 사이의 적절한 균형-에 대해 재고하기 시작할 때이다. 그리고 도덕적 다원주의를 진정으로 받아들임으로써 우리는 그 변혁의 출발점에 설 수 있을 것이다.

주

1. Michael Ignatieff, *The Needs of Strangers*, Chatto & Windus, London(1984), 135쪽.

2. Gayle Rubin, 'Thinking sex', in Carole S. Vance (ed.), *Pleasure and Danger. Exploring Female Sexuality*, Routledge & Kegan Paul, Boston and London(1984), 285쪽.

3. Magnus Hirshfeld, 'Presidental adress: The Development and scope of sexology', in Morman Haire(ed.), *World League for Sexual Reform: Prdceedings of the Third Congress*, London(1930), xiv쪽.

4. 이를 다음의 주장과 대조해보라. Bernard Williams, *Ethics and the Limits of Philosophy*, Fontana Press/Collins, London(1985), 1쪽.

5. Michel Foucault, *The History of Sexuality*, Vol.1, *An Introduction*, Robert Hurley (trans.), Allen Lane, London(1979), 149쪽.

6. Michel Foucault, 'On the genealogy of ethics; an overview of work in progress', Paul Rabinow(ed.), *The Foucault Reader*, Pantheon Books, New York(1984), 343쪽.

7. Michel Foucault, *Histoire de la sexualite*: 2, *L'Usage des plaisirs;* 3, *Le Souci de soi*, Editions Gallimard, Paris(1984).

8. Michel Foucault, 'Sexual choice, sexual acts', *Salmagundi* Nos. 58-59, Fall 1982, Winter 1983, 12쪽.

9. G. Rubin, 위의 글, 278쪽.

10. Alvin Gouldner, *For Sociology*, Allen Lane, London(1973), 295쪽.

11. Rosalind Coward, *Female Desire. Womes's Sexuality Today*, Paladin, London(1984), 78쪽.

12. G. Rubin, 위의 글, 288쪽.

13. Havelock Ellis, *The Psychology of Sex*, William Heinemann, London(1946; 초판 1933), 184쪽.

14. Jessica Benjamin, 'Master and slave. The fantasy of erotic domination', in Ann Snitow, Christine Stansell and Sharom Thompson(eds.), *Desire: The Politics of Sexuality*, Virago, London(1984), 308쪽.

15. Lynne Segal, 'Sensual uncertainty, or why the clitoris is not enough', Sue Cartledge and Joanna Ryan(eds.), *Sex and Love. New Thoughts on Old Contradictions*, The Women's Press, London(1983), 45쪽.

16. 이에 관해서는 다음을 참조하라. Valerie Amos and Pratibha Parmar,

'Challenging imperial feminism', *Feminist Review*, 17, Autumn 1984; Babara Ormolade, 'Hearts of Darkness', in Snitow *et al.*, 위의 책.

더 읽어두면 좋을 글들

이 글에서 개관된 입장은 성의 사회적 조직화를 다루고 있는 세 권의 내 책에 좀더 상세히 설명되어 있다. Jeffrey Weeks, *Coming Out. Homosexual Politics in Britain from the 19th Century to the Present*, Quartet, London(1977); *Sex, Politics and Society. The Regulation of Sexuality since 1800*, Longman, Harlow(1981); *Sexuality and Its Discontents. Meanings, Myths and Modern Sexualities*, Routledge & Kegan Paul, London(1985). 이 책들 속에는 좀더 심도있는 연구에 길잡이가 될 만한 상세한 주와 참고서지가 들어 있다.

현 시대 성연구자 어느 누구도 미셸 푸코의 영향력으로부터 자유롭지 못할 것이다. 비록 최종적으로 그 저작의 내용을 거부하게 되더라도 말이다. 푸코의 관점은 *The History of Sexuality*, volume 1, *An Introduction*, Allen Lane, London(1979)[『성의 역사 1』, 이규현역, 나남, 1990]에 논쟁적으로 요약되어 있다. 이 책을 집필할 당시까지도 성의 역사 다음 두 권은 영역되지 않은 상태였다(그가 숨을 거두기 바로 직전 그 두 권이 출판되었다). 이 책들은 1권과 문체 면에서나 내용 면에서 현격히 다르기는 하지만, 그럼에도 이 두 권의 책 역시 상당히 매력적이다. *Histoire de la sexualite*; 2, *L'Usage des Plasirs*,과 3, *Le Souci de soi*, Editions de Gallimard(1984) [『성의 역사 2- 쾌락의 활용』, 문경자, 신은영 공역, 나남, 1990, 『성의 역사

3- 자기에의 배려」, 이혜숙, 이영목 공역, 나남, 1990]. 푸코의 인터뷰는 그의 프로젝트 전반을 해명하는 데 상당히 도움을 준다. 특히 다음을 참조하라. *Power/Knowledge; Selected Interviews and Other Writings 1922-1977*, Collin Gordon(ed.), Harvester Press, Briton(1980)[「권력과 지식」, 홍성민 역, 나남, 1990]과 *The Foucault Reader*, Paul Rabinow(편), Pantheon Books, New York(1984). 원본을 대신할 수야 없지만, 푸코에 관한 주석작업들이 날로 늘어가고 있다. 하지만 놀랍게도 성 관련 저작들에 대해서는 어떤 주석작업의 성과도 없다. 그의 저작에 대한 유용한 길잡이가 될 책으로는 다음의 책을 참조하라. Barry Smart, *Michel Foucault*, Ellis Horwood/Tavistock, Chichester and London(1985)[「마르크스주의와 미셸 푸코의 대화」, 이유동, 윤비 공역, 민글, 1993].

성에 관한 근년의 사회학적 논쟁에 대해서는 다음의 글들을 참조할 수 있다. J. H. Gagnon and William Simon, *Sexual Conduct. The Social Sources of Human Sexuality*, Hutchinson, London(1973); John H. Gagnon, *Human Sexualities*, Scott, Foresman and Co., Glenview, Illinois(1977); Kenneth Plummer, *Sexual Stigma. An Interactionist Account*, Rotledge & Kegan Paul, London(1975), Mike Brake(ed), *Human Sexual Relations. A Reader*, Penguin, Hammondsworth(1982). 정신분석학에 대해서는 다음의 글들에서 출발하는 것이 좋다. Sigmund Freud, *Three Essays on the Theory of Sexuality*, 1905년 처음 출판되었고 20년 동안 상당 부분이 개작되었다. 이 글은 프로이트 전집 7권에 수록되어 있다. *The Standard Edition of the Complete Psychological Works of Sigmund Freud*, edited by James Stratchey, Horgath Press and the Institute of Psychoanalysis, London(1953). 영국에서는 다른 유용한 글들과 함께, 펭귄문고 판 펠리칸 프로이트 라이브러리에 이 글이 수록되어 있다. *On Sexuality*, Penguin, harmondsworth(1977). 현재 성연구에서 프로이트가 차지하는 의미를 논의하고 있는 것으로 다음을 참조할 수 있다. Juliet MItchell, *Psychoanalysis and Feminism*, Allen Lane, London(1973); Rosalind Coward, *Patriarchal Precedents. Sexuality and*

Social Relations, Routledge and Kegan Paul, London(1983); Female Desire. Women's Sexuality Today, Paladin, London(1984); 자크 라캉과 프로이트 학파 Ecole Freudienne에 대해서는 Female Sexuality, Juliet Mitchel and Jacqueline Rose(eds.), Macmillan, London(1982)을 참고하라. 카워드가 집필한 두 권의 책은 성의 본성에 관한 최근의 논란을 파악하는 데 매우 쓸모있다.

다음의 두 논문 모음집은 성의 이론, 역사, 사회학, 시학과 정치학(특히 여성해방운동의 정치학)에 관한 자료들을 널리 망라하고 있다. Ann Snitow, Christine Stansell, and Sharon Thompson(eds.), Desire. The Politics of Sexuality, Virago, London,(1983), 미국에서는 다음 이름으로 출판되었다. Powers of Desire: The Politics of Sexuality, Monthly Review Press, New York(1983); Carole S. Vance(ed.), Pleasure and Danger. Exploring Female Sexuality, Routledge & Kegan Paul, London, Boston(1984). 이 책에 실린 게일 루빈의 글이 매우 중요하다. Gayle Rubin, 'Thinking Sex: notes for a radical theory of the politics of sexuality'. 앞의 두 책에는 인종과 성의 상호연관성에 대한 유용한 글들이 들어 있다. 성, 성별 그리고 인종 사이의 관계에 대한 보다 상세한 논의를 보고 싶으면, 다음의 글을 참조하라. Feminist Review, 17, 1984.

천차만별이기는 해도, 서구의 성에 대한 태도를 개관하고 있는 유용한 조사연구작업으로는 다음의 글들이 있다. Philippe Aries and Andre Bejin(ed.), Western Sexuality, Practices and Percept in Past and Present Times, Basil Blackwell, Oxford(1985); 로렌스 스톤 Lawrence Stone의 대작, The Family, Sex amd Marriage in England 1500-1800, Weidenfield & Nicholson, London(1977)은 그 시기의 여러가지 태도(주로 상층계급의 태도들)를 섭렵하고 있다. 동성애의 역사에 관해 중요한 문헌들이 쌓여감에 따라, '성의 고안'에 대해 새로이 통찰할 수 있게 되었다. 중요한 것들에는 다음이 있다. John Boswell, Social Tolerence and Homosexuality, Gay People in Western Europe from the Beginning of the Christian Era to the Fourteenth Century, University of Chicago Press, Chicago and

London(1980); Alan Bray, *Homosexuality in Renaissance England*, Gay Men's Press, London(1982); Jonathan Ned Katz, Gay/Lesbian Almanac, Harper & Row, New York(1983); Lillian Federman, *Surpassing the Love of Men. Romantic Friendship and Love between Women from the Renaissance to the Present*, Junction Books, London(1980); Kenneth Plummer(ed.), *The Making of the Modern Homosexual*, Hutchinson, London(1981); Estelle B. Freedman 외(eds.), *The Lesbian Issue. Essays from Signs*, University of Chicago Press, Chicago and London(1985).

성차의 생물학과 심리학에 관해서는 다음을 참조하라. John Archer and Babara Lioyd, *Sex and Gender*, Penguin, Harmondsworth(1982). John Nicholson, *Men and Women, How Different are They*, Oxford University Press, Oxford and London(1984); Ann Oakley, *Sex, Gender and Society*(수정판), Glower, Aldershot(1985); Steven Rose, Leon J. Kamin and R. C. Lewontin, *Not in Our Gene. Biology, Ideology and Human Nature*, Penguin Harmondworth(1984)[「우리 유전자 안에는 없다, 이상원 역, 1993, 한울]; Julian Henriques et al., *Changing the Subject. Psychology, Social Regulation and Subjectivity*, Methuen London and New York(1984); Andy Metcalf and Martin Humphries, *The Sexuality of Men*, Pluto, London(1985); Angela McRobbie and Mica Nava, *Gender and Generation*, Macmillan, London(1984); Janet Sayers, *Sexual Contradictions*, Tavistock, London(1986).

'성도착'의 의미에 관한 최근의 논의로는 다음을 참조할 수 있다. Robert Stoller, *Perversion. The Erotic Form of Hatred*, Quartet, London(1977); Jannie Chasseguet-Smigrel, *Creativity and Perversion*, Free Association Books, London(1985); 그리고 다음 책에 있는 몇 편의 글들, K. Howells(ed.), *Sexual Diversity*, Blackwell, Oxford(1984).

현재의 성정치학 논쟁으로는 다음의 것들이 있다. Babara Ehrenreich, *The Hearts of Men. American Dreams and the Flight from Commitment*, Pluto, London(1983), 처음에는 다른 출판사에서 간행되었다. Anchor

Press/Double Day, New York(1983); Elizabeth Wilson, *What is to be Done about Violence against Women?*, Penguin, Harmondsworth(1983); Dennis Altman, *The Homosexualization of America, The Americanization of the Homosexual*, St. Martin's Press, New York(1982); *AIDS and the Mind of America*, New York, Doubleday(1866), 영국에서는 다음의 이름으로 출간되었다. *AIDS and the New Puritans*, Pluto, London(1986); Sue Cartledge and Joanna Ryan(eds.), *Sex and Love, New Thoughts on Old Contradictions*, The Womens Press, London(1983).

찾아보기

⟨ㄱ⟩

가농 Gagnon, John H., 20, 31, 79.
「가부장제의 선행물들 Patriarchal Precedents」(카워드 Coward) 28.
가족 37-38, 85, 138-140, 144.
「가족 성 그리고 결혼 The Familes, Sex, and Marriage」(스톤 Stone) 33.
게이/레즈비언 운동 Gay and lesbian movement 21, 26, 113-115, 173-174.
게일 루빈 Rubin, Gayle 107, 163, 169.
경부암 cervical cancer 145.
계급 48, 153, 165.
고대 42, 167.
고어 비달 Vidal, Gore 61.
국제성개혁연맹 World League for Sexual Reform 164.
굴드너 Gouldner, Alvin 169.
권력 48, 116-118, 166-170.
근친상간 금기 37, 85.
글렌 윌슨 Wilson, Glenn 69.
급진다원주의 radical pluralism 117, 169-170.
기독교 14, 18, 31, 33, 37, 79, 98, 116, 129, 135, 146-149, 167.

〈ㄴ〉

낙태 41, 136, 148, 149, 156, 173.
남성성 51, 73, 81, 88, 90.
「남성의 성행동 Sexual Behaviour in Human Male」(킨제이 외 Kinsey et al.) 108.
남색 sodomy 42, 44, 48, 117.
낸시 초도로우 Chodorow, Nancy. 85

〈ㄷ〉

데니스 릴리 Riley, Denis 89.
데니스 알트만 Altman Dennis 35, 130.
도날드 로웨 Lowe, Donald 46.
도착 17, 35, 45, 98-105, 123.
동성애 14, 21, 24, 35, 39, 41, 44, 64-87, 98-108, 121, 136, 141-158.
DNA 33, 65

〈ㄹ〉

라이너 라프 Rapp, Rayner 33.
라캉 Lacan, Jacques 84.
라플랑쉬와 퐁탈리 Laplanche, J. and Pontalis, J. B. 99.
로날드 레이건 Reagon, Ronald 145.
로날드 버트 Butt, Ronald 145.
로버트 스톨러 Stoller, Robert 107, 122.
로버트 체스터 Chester, Robert., 139.
로잘린 카워드 Coward, Rosalind, 20, 28, 51, 84, 90, 170.
로저 스크루튼 Scruton, Roger 64.
로즈 Rose, S. 70.
루스 베네딕트 Benedict, Ruth 20, 30.
리차드 다이어 Dyer, Richard 51, 73.
리차드 도킨스 Dawkins, Richard. 27.
린 시갈 Segal Lynne 172.

〈ㅁ〉

마가렛 대처 Thatcher, Magaret 132.

마가렛 미드 Mead, Magaret, 20, 29, 76-78.
마그누스 히르쉬펠트 18, 99, 113, 109.
마르쿠제 Marcuse, Hebert 18, 33, 147.
마리 스토페스 Stopes, Marie 132.
마샬 살린즈 Shalins, Marshall 37.
마이클 이그나티에프 Ignatieff, Michael 163.
마스터즈와 존슨 Masters, W. and Johnson, V. 64.
마르크스주의 49, 170.
말리노프스키 Malinowski, Bronislw 20, 29, 32, 36.
매리 화이트하우스 Whitehouse, Mary 133, 150.
매카시즘 McCarthysm 47.
머레이 데이비스 Davis, Murray S. 18.
멜라니 클라인 Klein, Melanie 84.
무의식 33, 54.
미국정신병리협회 American Psychiatric Association 117.
미카 나바 Nava, Mica 82.

〈ㅂ〉

바타이유 조르쥬 Bataille George, 147.
방임주의 13, 47, 132, 150, 155.
번 L. 벌로우 Bullough, Vern, L 25.
벤자민 Benjamin J. 172.
복장도착 transvestism 27, 35, 46.
본능 27, 29, 32, 42.
본질주의 essentialism 31, 33, 166.
부디바 Bouhdiba A. 35.
북미소년애협회 NAMBLA(North America Men Boy Love Association) 114.
브라이언 테일러 Taylor, Brian 121.
빅토리아 길릭 Gillick, Victoria 138.
빌헬름 라이히 Reich, Wilhelm 33, 147.

〈ㅅ〉

사도마조히즘 98, 108, 114-118, 171.
사드 Sade, Marquis de, 147, 166.
사회생물학 27, 65-70, 165.

사회주의 33, 170.
산아제한 26, 41, 47, 53.
생물학 26-55.
「선데이 익스프레스 Sunday Express」 145.
성과학 Sexology 16, 44, 63, 98-110, 117, 120, 122, 153, 164-166.
성의 각본 sexual scripts 79-80.
성기포진 genital herpes 141.
성별 16, 37, 50-91, 109-122.
「성이론에 관한 세 개의 글 Three Essays on Theory of Sexuality」(프로이트 Freud), 99.
「성적 선호 Sexual Preferences」(벨 외 Bell et al.) 66, 71.
성적 정체성 26, 103, 112, 173.
성전통 17, 21, 164,-175.
「성의 역사 The History of Sexuality」, 21, 125.
「세 부족사회에서의 성과 기질 Sex and Temperament in Three Primitive Societies」(미드 Mead) 93.
소년애 43, 98, 108-121.
소년애정보교환모임 PIE(Paedophile Information Exchange) 114.
소캐리데스 Socarides, C. 105.
수잔 손탁 Sontag, Susan 144.
신 우익 14, 144, 154.

〈ㅇ〉

아드리엔느 리치 Rich, Adrienne 118.
아이젠크 Eysenck, H. J. 69, 92.
아파르트헤이트 Apartheid 52.
아프로디지아 Aphrodisia 42, 167.
아처와 로이드 Archer, J. and Lloyd, B. 74.
알렌 클리포드 Clifford, Allen 45.
알프레드 킨제이 Kinsey, Alfred 18, 26.
애무 petting 40.
앵거스 맥라렌 McLaren, Angus 42.
앨리스 에콜스 Echols, Alice 157.
양성애 46, 100-109.
에드워드 카펜터 Carpenter, Edward 18, 147.
에드윈 셔 Schur, Edwin 49.

에른스트 존스 Jones, Ernest 105.
에른스트 화이트하우스 Whitehouse, Ernest 133.
에이즈 AIDS 35, 142-145.
엘렌 로스 Ross, Ellen 33.
엘리자베스 모버리 Moberly, Elizabeth, 105.
억압가설 repressive hyphothesis 48.
여성동성애 lesbianism 157.
여성의 성 female sexuality 63, 64, 81.
「여성의 성행동 Sexual Behaviour in Human Female」(킨제이 외 Kinsey et al) 108.
여성해방운동 feminism 14-54, 63-90, 114-117, 129-158, 170-174.
염색체 17, 34, 73-85.
외디푸스 콤플렉스 oedipus complex 123.
워녹 위원회 Warnock Committee 151.
월펜덴 위원회 Wolfenden Comittee 148.
위생학 46-53.
웨인스타인과 플래트 Weinstein, F and Platt, G. M. 74.
윌리엄 사이몬 Simon, William 31.
윌슨 Wilson, E. O., 65-69.
유전자 19, 27, 65-72.
이성애 15-21, 27-45, 81-89, 100-121, 130-146.
이성전환증 transsexuality 109.
인종, 인종주의 21, 144, 153, 173.

〈ㅈ〉

자연 18, 62-77.
자위 117.
자유주의, 14, 133-171.
자유의지론 libertarianism 147, 166-172.
장 주네 Genet, Jean 147.
전염병법안 Contagious Diseases Acts 145.
정신분석 20, 71-86, 101-132.
재생산 권리 173.
재생산 기술 151.
조지 길더 Gilder, George. 64.
존 니콜슨 Nicholson, John 72.

존 머니 Money, John 62.
존 쥬노 Junor, John 145.

〈ㅊ〉

찰스 푸리에 Foirier, Charles. 18, 147.
체르파스와 그리빈 Cherfas, J and Gribbin, J. 66.
체스구엣-스미르겔 Chasseguet-Smirgel, J. 126.

〈ㅋ〉

캐롤 밴스 Vance, Carole, S. 18. 25, 52.
케네스 플루머 Plummer Kenneth 26, 34, 105, 112.
크라프트-에빙 Krafft-Ebing, Richard von, 18.

〈ㅌ〉

톰 오캐롤 O'Carroll, Tom 120.
트로브리안 섬사람들 Trobriand Islanders 36.

〈ㅍ〉

패트릭 뷰캐넌 Buchanan Patrick J. 145.
포드와 비치 Ford, C. S. and Beach, F. A. 35.
포렐 Forel, A. 18, 64.
포르노그라피 106-117.
푸코 Foucault, Michel. 15, 21, 31, 49, 79, 99, 166-168.
프로이트 Freud, Sigmund. 18, 29, 45, 63-107, 165.

〈ㅎ〉

하브록 엘리스 Ellis, Havelock 18, 63, 98-106, 164, 171.
호르몬 18, 62-85.
회교 35.

현실문화연구의 책들

문화연구 1
압구정동 : 유토피아 디스토피아
4.6배판 194면 8500원
기획 / 김진송 엄 혁 조봉진
집필 / 강내희 조혜정 도정일 외

문화연구 2
TV : 가까이서 보기 멀리서 읽기
4.6배판 240면 8500원
기획 / 백지숙 엄 혁 이유남
집필 / 백지숙 강준만 강영희 외

문화연구 3
광고의 신화 욕망 이미지
4.6배판 272면 8500원
기획 / 김진송 오무석 최 범
집필 / 이득재 손자희 최범 심광현 외

문화연구 4
신세대 : 네 멋대로 해라
4.6배판 256면 8500원
기획 / 미메시스
집필 / 송재희 안태윤 이성호 이영일 주상우

문화연구 5
결혼이라는 이데올로기
4.6배판 288면 11000원
기획 / 조주현 윤석남
집필 / 조주현 김정희 박혜란 오숙희 외

문화연구 6
신세대론 혼돈과 질서
4.6배판 278면 11000원
기획 / 김진송 안영노 조봉진
집필 / 국승표 권용남 서동진 황동일 외

문화연구 7
섹스 포르노 에로티즘 쾌락의 악몽을 넘어서
4.6배판 240면 8500원
기획 / 김수기 서동진 엄 혁
집필 / 김진송 김수기 서동진 엄 혁 외

문화연구 8
공간 문화 서울 공간의 문화정치
4.6배판 256면 8500원
기획 / 김진송 엄 혁 사진 이미지 기획 / 최광호
집필 / 이재현 이성욱 이동연 외

문화연구 9
회사가면 죽는다
4.6배판 288면 11000원
기획 / 조본진 홍성태
집필 / 김종일 박경석 외

문화연구 시리즈

섹슈얼리티: 성의 정치

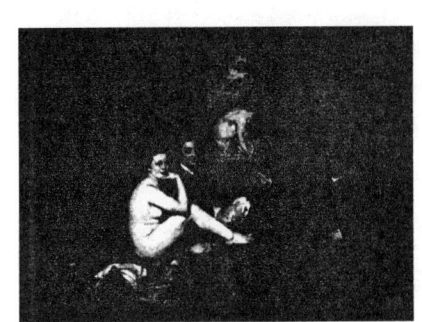

저자
제프리 웍스 Jeffrey Weeks

번역
서동진 채규형

편집 제작
현실문화연구

SEXUALITY
Published by Tavistock Publications Ltd. in 1986
제프리 웍스는 History Workshop Journal 의 공동편집인이며
서동진과 채규형은 연세대 사회학과 대학원을 이수했다.

현실문화연구

운영위원 김수기 김진송 박영숙 윤석남 엄 혁 조봉진
편집위원 박노영 손동수 이근삼 정성철

발행인
김진송

발행처
서울시 서초구 서초2동 1362 - 21 서울 아이템 빌딩 5층 현실문화연구
전화: 02-525-3672 / 02-525-3673 팩스: 02-525-3673

등록번호
제 21-385호. 1992. 11.16

인쇄
인우기획

발행일
1997년 2월 15일

값
7,500원